Wer du bist in Christus

Wilkin van de Kamp

GLAUBENSZENTRUM
Bad Gandersheim

Titel der niederländischen Originalausgabe:
„Wie je bent in Christus"
© 2014 Wilkin van de Kamp
Übersetzt aus der niederländischen Ausgabe von 2014
Crosslight Media, Postbus 32, 7120 AA Aalten, Niederlande
www.crosslightmedia.nl
ISBN: 978-94-90254-27-8

© 2015 Deutsche Ausgabe: Glaubenszentrum e.V.
Dr.-Heinrich-Jasper-Str. 20, 37581 Bad Gandersheim
www.glaubenszentrum.de
ISBN 978-3-9816146-4-0

1. Auflage 2015
2. Auflage 2016
3. Auflage 2017

Die zitierten Bibelverse sind, mit Ausnahme der angegebenen Stellen, der Elberfelder Übersetzung 2006 entnommen. Für die übrigen Übersetzungen gelten folgende Abkürzungen:
EU   = Einheitsübersetzung
Hfa = Hoffnung für alle
NeÜ = Neue evangelistische Übersetzung
NGÜ = Neue Genfer Übersetzung
NLB = Neues Leben. Die Bibel
SLT = Schlachter 2000
LUT = Luther Übersetzung 1984

Aus dem Niederländischen übersetzt von Friedel Klompmaker.
Umschlaggestaltung: IDD concept.communicatie.creatie | www.idd.nu
Satz: Glaubenszentrum e.V.
Druck und Bindung: CPI – Ebner & Spiegel, Ulm
Printed in Germany

„… das Geheimnis, das verborgen war
seit ewigen Zeiten und Geschlechtern,
nun aber ist es offenbart seinen Heiligen,
denen Gott kundtun wollte, was der herrliche Reichtum
dieses Geheimnisses unter den Heiden ist,
nämlich Christus in euch, die Hoffnung der Herrlichkeit."
Kolosser 1,26-27 – LUT

INHALT

VORWORT

Der Tag, an dem Máxima und Willem-Alexander heirateten, war eine Weltsensation. An diesem besonderen Tag veränderte sich ihr Status von einer argentinischen Bürgerlichen zu einer niederländischen Prinzessin. Mit ihrem neuen Status veränderte sich auch ihre Identität. Ab diesem Tag gehörte Máxima zur königlichen Familie. Dies bedeutete, dass sie lernen musste, anders zu denken, zu sprechen und zu handeln. Máxima bezog ihre neue Identität nicht länger aus ihrem ursprünglichen Status, sondern aus dem, den sie fortan durch Willem-Alexander hatte: Königin der Niederlande.

Gott bietet dir eine unverwüstliche Identität an, an der niemand etwas schmälern und der niemand etwas hinzufügen kann. Es ist deine brandneue Identität in Christus. „In Christus" zu sein ist ein ganz wichtiger Ausdruck im Neuen Testament. Er wird allein von Paulus schon zweihundert Mal gebraucht.

Leider hat es viel zu lange gedauert, bis ich selbst begriffen habe, wer ich „in Christus" bin. Wir kämpfen alle mit der Frage: „Wer bin ich eigentlich?". Erst ab dem Moment, als ich für mich entdeckte und verstand, wie Gott mich „in Christus" sieht, hat sich mein Leben wesentlich verändert. Darum bin ich froh und dankbar, dass ich dieses Buch schreiben konnte.

Denn wenn du weißt, wer du „in Christus" bist, siehst du dich und die Menschen um dich herum mit ganz anderen Augen. Dann weißt du dich in einer unzertrennlichen

Einheit mit Jesus verbunden, und dir wird bewusst, wie wertvoll du in Gottes Augen bist. Jesus und du sind so miteinander verbunden, dass Gott – wenn er dich anschaut – immer zuerst Jesus in dir sieht und dann erst dich selbst! „In Christus" sieht Gott dich nun als rein, heilig, gerecht und vollkommen an, weil er Jesus in dir sieht! Deshalb kann er seine Augen nicht von dir abwenden. Und das verändert alles!

Mit welchen Augen du dich selbst siehst, ist so entscheidend dafür, wie du im Leben stehst. Nimm dir deshalb die Zeit und lass den Inhalt dieses Büchleins tief in dein Bewusstsein eindringen. Du kannst es in einem Atemzug zu Ende lesen – doch ich rate dir, dir vierzig Tage Zeit zu nehmen und jeden Tag ein Kapitel zu lesen. Ich gehe sogar noch einen Schritt weiter und rate dir, jedes Kapitel zweimal zu lesen – und zwar einmal morgens und einmal abends. Wenn du mit ganzem Herzen dabei bist zu entdecken, wer du „in Christus" bist, wird sich auch dein Leben drastisch verändern.

Wilkin van de Kamp

1   WIE GOTT DICH „IN CHRISTUS" SIEHT

„Darum: Ist jemand in Christus,
so ist er eine neue Kreatur; das Alte ist vergangen,
siehe, Neues ist geworden."
2. Korinther 5,17 – LUT

Dass du wirklich wertvoll bist, wirst du erst dann glauben, wenn du das Geheimnis entdeckst, wer du „in Christus" bist und wie Gott dich jetzt „in Christus" sieht! Nur wenn du weißt, wer du „in Christus" bist, kannst du deine persönlichen und geistlichen Probleme lösen und deine Freiheit „in Christus" finden.

Oftmals spricht Paulus davon, wer du „in Christus" bist. „In Christus" zu sein bedeutet viel mehr, als dass Jesus jetzt in dir wohnt. Es bedeutet, dass du mit Christus eins bist. Diese unzertrennliche Einheit hat, so Paulus, zwei Seiten: *„Denn Gott nahm Christus, der keine Sünde begangen hatte und lastete ihm unsere Sünden auf. Im Tausch dafür rechnet uns Gott die Gerechtigkeit Christi an"* (aus dem Niederländischen übersetzt nach 2.Kor 5,21 – Het Boek). *„Den, der ohne jede Sünde war, hat Gott für uns zur Sünde gemacht, damit wir durch die Verbindung mit ihm die Gerechtigkeit bekommen, mit der wir vor Gott bestehen können"* (2.Kor 5,21 – NGÜ).

Auf der einen Seite bedeutet das, dass Jesus sich dafür entschieden hat, so mit dir eins zu werden, dass er es Gott gestattete, deine Sünden auf ihn zu legen. Deine Sünden und deine Schuld sind dadurch nicht mehr länger deine, sondern seine! Weil er sich so mit dir eins gemacht hat, ließ er es außerdem geschehen, dass Gott die Strafe, die du verdient hättest, auf ihn legte (Jes 53,5). Deshalb ließ Jesus sich in deinem Namen kreuzigen, um dann zu sterben (Gal 2,20). „In Christus" zu sein bedeutet Folgendes: Als Gott aufs Kreuz schaute, sah er nicht Jesus, sondern dich!

Auf der anderen Seite bedeutet „in Christus" zu sein, dass du jetzt mit Jesus eins werden darfst. Wenn du an das Wunder des Kreuzes glaubst, werden nicht allein deine Sünden vergeben, sondern du empfängst obendrein ein neues Herz (das Herz Jesu) und einen neuen Geist (den Geist Jesu). Denn Jesus nimmt durch den Heiligen Geist in dir Wohnung. Wenn du „in Christus" bist, kann Gott seine Augen nicht mehr von dir abwenden. Denn wenn er dich ansieht, sieht er immer zuerst Jesus in dir!

IN CHRISTUS BILDEST DU EINE UNZERTRENNLICHE EINHEIT MIT IHM, UND DU WIRST BESONDERS WERTVOLL IN GOTTES AUGEN.

2 | IN CHRISTUS KANN GOTT SEINE AUGEN NICHT VON DIR ABWENDEN

„Er wendet seine Augen nicht ab von dem Gerechten,
und er setzt sie auf ewig mit Königen auf den Thron,
damit sie herrschen."
Hiob 36,7 – SLT

Was siehst du, wenn du in den Spiegel schaust? Vielleicht siehst du dich selbst nicht als wertvoll an, weil du immer noch den Worten glaubst, die andere über dich sagen. Vielleicht fühlst du dich nicht geliebt und angenommen, weil du immer noch unter den Folgen der Ablehnung zu leiden hast. Vielleicht fühlst du dich nicht gut genug, weil du nur strauchelnd hinter Jesus hergehst. Hör mir gut zu: Nicht was du denkst, fühlst oder tust bestimmt deine Identität, sondern was Jesus für dich getan hat!

Ein Freund Hiobs erklärt, wie Gott dich „in Christus" sieht. Es sind prophetische Worte: „*[Gott] wendet seine Augen nicht ab von dem Gerechten ...*"! *Gerecht* bedeutet, dass du von Gott zu hundert Prozent akzeptiert und angenommen bist. Dafür brauchst du nichts vorzuweisen. Dies ist Gottes Geschenk an dich: das Geschenk der Gerechtigkeit (Röm 5,17). Dir sind nicht nur deine Sünden vergeben. „In Christus" sieht Gott dich jetzt als rein, heilig, gerecht und vollkommen an!

- Gott sieht dich jetzt als *rein* an, weil er Jesus in dir sieht!

- Gott sieht dich jetzt als *heilig* an, weil er Jesus in dir sieht!

- Gott sieht dich jetzt als *gerecht* an, weil er Jesus in dir sieht!

- Gott sieht dich jetzt als *vollkommen* an, weil er Jesus in dir sieht!

Dies bedeutet nicht, dass du dein Bestes geben müsstest, um rein, heilig, gerecht und vollkommen zu werden. „In Christus" sieht Gott dich bereits jetzt als rein, heilig, gerecht und vollkommen an, da du eine unzertrennliche Einheit mit Jesus Christus geworden bist. Das ist das Geheimnis, „in Christus" zu sein! Gott setzt dich „in Christus" als König auf den Thron und gibt dir für immer in ihm Anerkennung und Autorität. Kannst du dir vorstellen, dass Gott dich mit solchen Augen ansieht? Du darfst es als ein besonderes Geschenk annehmen und es dir ganz zu eigen machen!

---

*IN CHRISTUS SIEHT GOTT DICH JETZT
ALS REIN, HEILIG, GERECHT UND VOLLKOMMEN AN,
DA ER JESUS IN DIR SIEHT.*

3 | IN CHRISTUS SIEHT GOTT DICH JETZT ALS REIN AN

„Aber ihr seid rein gewaschen, ihr seid geheiligt,
ihr seid gerecht geworden durch den Namen
des Herrn Jesus Christus und durch den Geist
unseres Gottes."
1. Korinther 6,11 – LUT

Hier steht es wortwörtlich: Durch das Opfer unseres Herrn Jesus Christus und durch das Werk des Heiligen Geistes bist du rein gewaschen, geheiligt und für gerecht erklärt. Diese Worte beeindruckten die Mitglieder der Gemeinde zu Korinth. So sieht Gott sie. In den Versen zuvor zählte Paulus die Dinge noch auf, die sie taten, bevor sie bekehrt waren: Sie waren Menschen, die Unzucht trieben, Abgöttern dienten, Ehebruch begingen, homosexuelle Beziehungen hatten, Pädophile, Diebe, Geldgierige, Alkoholiker, Lästerer und Ausbeuter waren. Aber dann erklingt das gewaltige Zeugnis: „Das wart ihr einmal!".

Dein neues Leben ist das Ergebnis dessen, was Jesus für dich am Kreuz vollbracht hat. „In Christus" bist du eine völlig neue Schöpfung geworden. Diese komplette Erneuerung wird in drei Aspekten zusammengefasst: Du bist gereinigt, geheiligt und gerechtfertigt! Dieser Moment hat „in dem

Namen unseres Herrn Jesus Christus" stattgefunden. Das bedeutet „in Verbindung mit der Person" des Herrn Jesus. Jesus und du, ihr seid so miteinander verwoben, dass Gott – wenn er dich sieht – immer zuerst Jesus in dir sieht und dann erst dich! Deshalb kann er seine Augen nicht von dir abwenden!

Wie du dich selbst siehst, ist entscheidend dafür, wie du im Leben stehst. Deine Haltung, deine Taten, deine Reaktionen und wie du mit Verführungen und Versuchungen umgehst, werden zum großen Teil durch dein bewusstes und unbewusstes Selbstbild bestimmt. Sprüche 23,7a (SLT) sagt: *„Denn wie er in seiner Seele berechnend denkt, so ist er"*. Wenn du dich selbst weiterhin als Unreiner und Sünder siehst, wirst du weiterhin danach leben. Aber wenn du dich selbst – durch die Gnade Gottes – als rein und heilig ansiehst, wirst du mehr und mehr auf der Basis deiner neuen Identität „in Christus" leben.

JESUS UND DU, IHR SEID SO MITEINANDER VERWOBEN, DASS GOTT – WENN ER DICH ANSCHAUT – IMMER ZUERST JESUS IN DIR SIEHT UND DANN ERST DICH!

---

4 | IN CHRISTUS SIEHT GOTT DICH JETZT ALS GEHEILIGT AN

—✦—

*„Geschwister, ihr seid von Gott erwählt, ihr gehört
zu seinem heiligen Volk, ihr seid von Gott geliebt.
Darum kleidet euch nun in tiefes Mitgefühl, in Freundlichkeit,
Bescheidenheit, Rücksichtnahme und Geduld."*
Kolosser 3,12 – NGÜ

—✦—

„Heilig" ist eins von den meist gebrauchten Wörtern im Neuen Testament, um die neue Identität eines Christen zu beschreiben. Paulus fängt seinen ersten Brief an die Gemeinde in Korinth selbst mit *„an die Gemeinde Gottes in Korinth, an die Geheiligten in Christus Jesus, die berufenen Heiligen"* (1.Kor 1,2 – LUT) an.

Einige Menschen denken, dass sie nur dann heilig sind, wenn sie diesen Titel durch einen vorbildlichen Lebensstil oder ein hohes Niveau geistlicher Reife verdient haben. Dies stimmt jedoch nicht. In der Bibel wirst du nicht „Heilige/r" genannt, weil du dein Bestes gegeben hast, sondern weil du dazu berufen bist (lies auch Röm 1,7)! Du bist von Gott auserwählt, um ein/e Heilige/r zu sein. Es geht nicht darum, dass du dein Bestes gibst, um heilig zu werden. Gott sieht dich bereits als geheiligt an, da er Christus in dir sieht! Das schafft eine entspannte Ruhe in dir. Du musst es nicht mehr tun.

Einige Christen nennen sich noch immer Sünder, die durch die Gnade Gottes errettet sind. Aber ist das wirklich deine neue Identität? – Absolut nicht! Nirgends im Neuen Testament werden Christen weiterhin als *Sünder* bezeichnet. Gott nennt dich jetzt *Heilige/r*. Wenn du dich selbst weiterhin als Sünder siehst, dann wirst du dich auch weiterhin wie ein Sünder verhalten und wieder sündigen. Warum nennst du dich selbst nicht Heilige/r? Denn so nennt dich auch Gott. Du bist sicherlich ein/e Heilige/r, der/die auch sündigt. Aber halte nicht an dem fest, dass das, was du tust, auch bestimmt, wer du bist, sondern an dem, was Jesus für dich getan hat. Das ist das Entscheidende!

Wer du „in Christus" bist, bestimmt von jetzt an, was du tust. Der Heilige Geist motiviert dich, immer mehr das zu werden, was du „in Christus" bereits bist. Er wird dir helfen, „die neuen Kleider anzulegen", die dir wiederum helfen, aufrichtig zu leben, mitzufühlen, freundlich und bescheiden zu sein, dich in Geduld zu üben usw. Das ist Gottes Werk in dir, da er dich auserwählt hat, um „in Christus" sein/e Heilige/r zu sein.

ES GEHT NICHT DARUM, DASS DU DEIN BESTES GIBST, UM HEILIG ZU WERDEN. GOTT SIEHT DICH BEREITS ALS GEHEILIGT, DA ER CHRISTUS IN DIR SIEHT!

5 IN CHRISTUS SIEHT GOTT DICH JETZT ALS GERECHTFERTIGT AN

„Denn Christus ist unsere Gerechtigkeit,
durch Christus gehören wir zu Gottes heiligem Volk,
und durch Christus sind wir erlöst."
1. Korinther 1,30b – NGÜ

Laut dem Gesetz Moses warst du nur dann gerecht – durch Gott akzeptiert und angenommen –, wenn du das Gesetz genau befolgt hast: *„Wenn jemand für gerecht erklärt werden will, indem er das Gesetz befolgt, gilt für ihn, was Mose schreibt: ‚Das Gesetz bringt dem das Leben, der seine Forderungen erfüllt.'"* (Röm 10,5 – NGÜ). Wer konnte einen so hohen Maßstab erfüllen? Paulus sagt: *„Ich habe ja jetzt den Beweis erbracht, dass alle schuldig sind, die Juden ebenso wie die anderen Menschen, und dass alle unter der Herrschaft der Sünde stehen, genau wie es in der Schrift heißt: ‚Keiner ist gerecht, auch nicht einer.'"* (Röm 3,9b-10 – NGÜ).

Paulus war früher selbst ein Pharisäer. Er wusste nur zu gut, wie diese Führer ihr Bestes taten, um den Menschen zu beweisen, dass man das Gesetz erfüllen konnte, indem man sein Äußerstes gab, um schlussendlich von Gott akzeptiert und angenommen zu werden. So machten sie ihre Gebetsquasten breiter und gaben den Zehnten bis auf sieben

Ziffern nach dem Komma. Aber laut Lukas waren sie tief in ihren Herzen geldgierig (Lk 16,14). Jesus sagte zu ihnen: *„Vor den Menschen erweckt ihr den Eindruck, ein gottgefälliges Leben zu führen; aber Gott kennt euer Herz"* (Lk 16,15 – NGÜ).

Keiner ist imstande, aus eigener Kraft gerechtfertigt zu werden. Paulus hat wirklich den überwältigenden Reichtum der Gnade entdeckt, dass Gott in Christus den Menschen *unabhängig vom Gesetz* rechtfertigt (Röm 3,21): *„Denn mit Christus ist der Weg des Gesetzes zu Ende. Jetzt wird jeder, der an ihn glaubt, für gerecht erklärt"* (Röm 10,4 – NeÜ). *„Denn Gott machte Christus, der nie gesündigt hat, zum Opfer für unsere Sünden, damit wir durch ihn vor Gott gerechtfertigt werden können"* (2.Kor 5,21 – NLB). *„Wenn ihr versucht, mit Hilfe des Gesetzes vor Gott gerecht dazustehen, habt ihr euch aus der Verbindung mit Christus gelöst und habt den Weg der Gnade verlassen"* (Gal 5,4 – NGÜ).

IN GOTTES AUGEN BIST DU GERECHTFERTIGT, WEIL GOTT DICH „IN CHRISTUS" ZU HUNDERT PROZENT AKZEPTIERT UND ANGENOMMEN HAT!

6 IN CHRISTUS SIEHT GOTT DICH JETZT ALS VOLLKOMMEN AN

„In Christus bist du also vollkommen."
Kolosser 2,10
(frei übersetzt nach Het Boek)

Gott kann seine Augen nicht von dir abwenden. Denn wenn er dich ansieht, sieht er Jesus in dir. Das ist die wahre Bedeutung davon, „in Christus" zu sein. Welch eine Offenbarung! Und welch eine Veränderung des Denkens! Der Apostel Paulus sagt selbst, dass du „in Christus" vollkommen bist. So sieht Gott dich jetzt, da er Jesus in dir sieht.

Wenn du in den Spiegel schaust, siehst du freilich etwas anderes. Du weißt selbst nur allzu gut, dass du nicht vollkommen bist. Du hast so deine Zweifel. Du kennst deine Unzulänglichkeiten. Und du weißt, dass du stolpernd hinter Jesus hergehst. Hör mir zu! Die Bibel sagt nicht, dass du vollkommen bist, weil du dich „vollkommen" benimmst. Die Bibel sagt, dass Gott dich „in Christus" nicht anders sehen kann als vollkommen, weil Jesus jetzt in dir wohnt! Jesus und du, ihr seid jetzt in Gottes Augen eine unzertrennliche Einheit. Gott möchte jetzt, dass du lernst, dich so zu sehen, wie er dich sieht! In Gottes Augen bist du „in Christus" vollkommen: Bevor man einen Fehler in dir entdeckt, muss man erst einen Fehler in Christus selbst entdeckt haben.

„In Christus" zu sein spricht über deine neue Position. Gott veränderte diese von einem/r Sünder/in in eine/n Heilige/n. Gott sieht dich bereits jetzt als rein, heilig, gerechtfertigt und vollkommen an, während der Heilige Geist dir täglich in dem Prozess der Heiligung hilft: *„Denn mit ‚einem' Opfer hat er für immer die vollendet, die geheiligt werden"* (Hebr 10,14 – LUT). Dies ist ein lebenslanger Prozess. Eine fortwährende Heiligung kann nur wirklich stattfinden, wenn du weißt, dass Gott dich bereits jetzt als heilig und vollkommen „in Christus" sieht. Durch den Heiligen Geist darfst und kannst du bereits jetzt danach leben! Er bewirkt in dir das Verlangen, um in der Gnade zu wachsen und um deine Heiligung „in Christus" vollkommen werden zu lassen.

IN GOTTES AUGEN BIST DU
„IN CHRISTUS" VOLLKOMMEN:
BEVOR EIN FEHLER IN DIR GEFUNDEN WIRD,
MUSS ERST MAL EIN FEHLER IN CHRISTUS SELBST
GEFUNDEN WERDEN.

7 IN CHRISTUS SIEHT GOTT DICH NICHT IN DEINEN SÜNDEN

„... denn ihr wisst, dass ihr nicht mit vergänglichem Silber oder Gold erlöst seid von eurem nichtigen Wandel nach der Väter Weise, sondern mit dem teuren Blut Christi als eines unschuldigen und unbefleckten Lammes."
1. Petrus 1,18-19 – LUT

Im Alten Testament hat Gott dir bereits gezeigt, was es bedeutet, „in Christus" akzeptiert und angenommen zu sein. Das Lamm, das im Tempel zur Vergebung der Sünden geopfert wurde, musste von jeglicher Krankheit und Unvollkommenheit frei sein. Es durfte keinerlei Mängel aufweisen. Das Lamm musste vollkommen sein.

Wenn ein Gläubiger mit einem Opferlamm unterwegs zum Tempel war, wussten die Leute, dass er schwer gesündigt hatte. Er begegnete ihren neugierigen und abwertenden Blicken mit Schuld und Schande. Aber einmal im Tempel angekommen, brauchte er keine Angst zu haben, dass der Priester ihn abweisen würde. Im Gegensatz zu den Menschen hatte der Priester absolut kein Auge für die sündige Vergangenheit des Gläubigen. Er sah nicht, wie schlampig angezogen dieser unterwegs war. Er bemerkte nicht einmal, dass dieser sich geraume Zeit nicht gewaschen hatte.

Der Blick des Priesters war auf nichts anderes als auf das Lamm gerichtet. Wenn das Lamm vollkommen war, wurde der Übeltäter von Gott für gut befunden.

Preis sei dem Herrn, dass er für ein vollkommenes Lamm gesorgt hat! Weil niemand etwas an deinem Lamm bemängeln kann, wirst du von Gott akzeptiert und angenommen. „In Christus" – dem Lamm Gottes – sieht Gott dich jetzt als rein, heilig, gerechtfertigt und vollkommen an. Was auch geschieht: Gottes Blick ist einzig und allein auf „Jesus in dir" gerichtet. Gott sieht dich nicht in deinen Sünden, er sieht dich „in Christus"! Vielleicht denkst du, dass du doch ein Sünder bist, wenn du wieder einmal gesündigt hast. Du fühlst dich schuldig, weil du einen Fehler gemacht hast. Denk dann an die Geschichte des Priesters und des Opferlammes! Nicht, was du denkst, fühlst oder tust, bestimmt deine Identität, sondern was Jesus – das Lamm Gottes – für dich getan hat! Aufgrund deiner Beziehung zu Jesus bist du von Gott vollkommen akzeptiert.

WAS AUCH GESCHIEHT:
GOTTES BLICK IST EINZIG UND ALLEIN
AUF „JESUS IN DIR" GERICHTET! GOTT SIEHT DICH NICHT
IN DEINEN SÜNDEN, ER SIEHT DICH „IN CHRISTUS".

---

8 | IN CHRISTUS BIST
DU GOTTES GELIEBTES KIND

———— ❧ ————

„Dies ist mein geliebter Sohn, an ihm habe ich große Freude."
Matthäus 3,17b – NLB

———— ❧ ————

Eines Tages geht Jesus zum Jordan, um sich von Johannes dem Täufer taufen zu lassen. Johannes weigert sich zuerst. „Ich muss von dir getauft werden", protestiert er. „Und doch möchte ich, dass du mich taufst", antwortet Jesus, „denn wir müssen das tun, was Gott von uns verlangt." Als Jesus getauft war, riss der Himmel auf, und Johannes sieht, wie der Geist Gottes in Form einer Taube auf Jesus herabkommt. Und eine Stimme aus den Himmeln sagt: *„Dies ist mein geliebter Sohn, an ihm habe ich große Freude"* (Mt 3,13-17 – NLB).

Zu dieser Zeit sind Jesus und Johannes beide dreißig Jahre alt. Ziemlich sicher waren ihre irdischen Väter bereits gestorben. Das macht dieses Geschehen noch beeindruckender. Laut der jüdischen Tradition fand im Alter von dreißig Jahren eine besondere Zeremonie statt. In diesem Alter war es möglich, Priester zu werden (4.Mo 4). Und es war das Alter, in dem einem jungen Mann die „Sohnschaft" einer Familie anvertraut wurde. Ein Vater beugte sich dann über seinen Sohn und sagte: „Dies ist mein geliebter Sohn, an ihm habe ich große Freude". Mit diesen

Worten wurde der junge Mann als Sohn angenommen und empfing die Verantwortung und die Autorität, die damit verbunden waren. Jesaja 9,5 (LUT) bezieht sich auf diesen Moment: *„Denn uns ist ein Kind geboren, ein Sohn ist uns gegeben, und die Herrschaft ruht auf seiner Schulter"*.

Wahrscheinlich waren Josef und Zacharias nie in der Lage, diese Worte über ihren Söhnen auszusprechen. Sie waren schon gestorben. Nun wird Jesus durch seinen himmlischen Vater auf bewegende Art und Weise in seiner Sohnschaft bestätigt: *„Dies ist mein geliebter Sohn, an ihm habe ich große Freude"*! Diese Worte werden auch Johannes den Täufer tief getroffen haben. Und „in Christus" sagt Gott dieselben Worte auch zu dir: „Du bist mein geliebtes Kind, an dir habe ich große Freude!". Er nennt dich nicht nur sein Kind, er nennt dich sein *geliebtes* Kind. Nimm dir bitte Zeit, um die Bedeutung dieser Worte tief in dein Herz dringen zu lassen.

*„IN CHRISTUS" SAGT GOTT
DIESELBEN WORTE AUCH ZU DIR:
„DU BIST MEIN GELIEBTES KIND,
AN DIR HABE ICH GROSSE FREUDE!"*

9 IN CHRISTUS BIST DU DIE QUELLE DER FREUDE GOTTES

„Du bist mein geliebter Sohn, an dir habe ich große Freude."
Markus 1,11 – NLB

Als Jesus sich durch Johannes taufen ließ, klang eine Stimme aus dem Himmel, die sagte: *„Du bist mein geliebter Sohn, an dir habe ich große Freude"* (Mk 1,11 – NLB). Johannes der Täufer sagte später: *„Und er fuhr fort: Ich sah den Heiligen Geist wie eine Taube vom Himmel herabkommen und sich auf ihm niederlassen. Ich kannte ihn nicht, doch Gott, der mir den Auftrag gegeben hat, mit Wasser zu taufen, sagte zu mir: Der, auf den du den Heiligen Geist herabkommen und sich niederlassen siehst, ist der, den du suchst. Er ist es, der mit dem Heiligen Geist tauft. Das habe ich nun gesehen und deshalb bezeuge ich, dass dieser Mann der Sohn Gottes ist"* (Joh 1,32-34 – NLB).

Die Luther-Übersetzung sagt: *„Du bist mein lieber Sohn, an dir habe ich Wohlgefallen"* (Mk 1,11). *Wohlgefallen* ist ein altes Wort, das *Freude* oder *Genuss* bedeutet. Was muss das für eine außergewöhnliche Erfahrung für Jesus gewesen sein, von seinem himmlischen Vater zu hören, dass er ihn, seinen Sohn, genießt. Jesus ist die Quelle seiner Freude!

Aber bist du dir wohl bewusst, dass du mit ihm verbunden bist, wenn du an den Herrn Jesus glaubst? Du stehst wahrlich „in ihm" im Jordan. „In ihm" sind diese Worte auch für dich bestimmt: „Du bist mein geliebtes Kind, an dir habe ich große Freude." Gott schaut dich an und hat seine Freude an dir! Denn er sieht Jesus in dir und genießt es enorm.

Die Bibel sagt: *„... in seiner Liebe hat er uns dazu vorherbestimmt, seine Kinder zu sein durch Jesus Christus nach dem Wohlgefallen seines Willens ..."* (Eph 1,5 – LUT). Laut Paulus geht Gottes Freude an dir so weit, dass er selbst seinen Willen und seinen Plan in dir vollbringt. *„Denn Gott ist's, der in euch wirkt beides, das Wollen und das Vollbringen, nach seinem Wohlgefallen"* (Phil 2,13 – LUT). Du darfst lernen, Gottes Gegenwart zu genießen, so wie er deine genießt!

GOTT SCHAUT DICH AN UND HAT SEINE FREUDE AN DIR!
DENN ER SIEHT JESUS IN DIR
UND ER GENIESST ES ENORM.

---

10 IN CHRISTUS BETRACHTEST DU DEINE MITMENSCHEN MIT ANDEREN AUGEN

❧

„Wie ihr nun Christus Jesus, den Herrn, angenommen habt,
so wandelt auch in ihm ..."
Kolosser 2,6 – SLT

❧

Wenn du weißt, wer du „in Christus" bist, und entdeckt hast, wie Gott dich durch Jesus ansieht, wirst du deine Mitmenschen auch mit anderen Augen betrachten. Wie Gott wirst du jetzt deine Mitmenschen mit den Augen Jesu sehen.

Jesus sah die Menschen mit den Augen der Liebe Gottes. Er wusste sich in den Augen Gottes vollkommen geliebt und konnte darum in jedem Menschen eine verborgene Schönheit sehen, die Gott zum Glänzen bringen will. Jesus schaute die Menschen einzig und allein mit Augen des Erbarmens an. Das ist auch die Art und Weise, wie Gott die Menschen sieht. Er weist niemanden ab. Er schaut durch die Mauern von Schmerz, Enttäuschung und Ablehnung hindurch. Er sieht Herzen, die danach verlangen, geliebt und akzeptiert zu werden.

Ich selbst sah meine Mitmenschen viel zu lange durch die Brille meiner eigenen Schmerzen, Enttäuschungen und

Ablehnungen. Ich verurteilte sie, weil sie mir etwas angetan hatten. Bis ich entdeckte, wie Gott mich „in Christus" ansieht und ich seine übernatürliche Liebe kennenlernte. Seitdem heilte mein Herz Schritt für Schritt und ich fing an, meine Mitmenschen mit anderen Augen zu sehen. Wer die Menschen mit den Augen Jesu betrachtet, entdeckt, dass jeder Mensch in Gottes Augen besonders kostbar und wertvoll ist. Dann siehst du mit Augen des Erbarmens durch den Schmerz, die Enttäuschung und Ablehnung des anderen hindurch. Du nimmst den anderen nicht mehr als Bedrohung wahr, sondern als einen rohen Diamanten, der durch Gottes Hand geschliffen wird, sodass er glänzen kann wie nie zuvor.

Gott hat uns keine Botschaft der Verurteilung gegeben, sondern der Hoffnung. Diese Hoffnung kannst du nur vermitteln, wenn du die Menschen aus Gottes Perspektive betrachtest. Dann wirst du sehen, was er in den Menschen sieht.

WENN DU WEISST, WER DU „IN CHRISTUS" BIST,
UND ENTDECKT HAST,
WIE GOTT DICH DURCH JESUS ANSIEHT,
WIRST DU DEINE MITMENSCHEN
AUCH MIT ANDEREN AUGEN BETRACHTEN.

11 | IN CHRISTUS IST JEDER GLEICHWERTIG

———

„Denn ihr seid alle durch den Glauben Gottes Kinder
in Christus Jesus. Denn ihr alle, die ihr auf Christus getauft seid,
habt Christus angezogen. Hier ist nicht Jude noch Grieche,
hier ist nicht Sklave noch Freier, hier ist nicht Mann noch Frau;
denn ihr seid allesamt einer in Christus Jesus.“
Galater 3,26-28 – LUT

———

Wenn du weißt, dass Gott seine Augen nicht von dir abwenden kann, weil er Jesus in dir sieht, dann weißt du auch, dass es keine Rolle mehr spielt, ob du Jude oder Grieche, Sklave oder Freier, Mann oder Frau bist. Als Christen sind wir so mit Jesus verbunden, dass Gott, wenn er uns anschaut, immer zuerst Jesus in uns sieht und dann erst, ob wir Jude, Grieche, Sklave, Freier, Mann oder Frau sind.

Zu Paulus' Zeiten gab es eine tiefe fundamentale Spaltung in der Gesellschaft. Die Römer waren der Überzeugung, dass einige Menschen dazu geboren waren, frei zu sein, und wiederum andere geschaffen waren, zu Sklaven gemacht zu werden. Sie glaubten auch, dass Frauen von Natur aus den Männern unterlegen waren. Selbst die Juden stimmten mit dieser Verschiedenheit überein. So manch ein Jude dankte Gott täglich, dass er nicht als Heide, als Frau oder Schwein erschaffen wurde.

Diese Vorurteile haben dazu geführt, dass besonders die Frauen jahrhundertelang unterdrückt und als zweitrangig angesehen wurden. Jesus kam auf diese Erde, um den Frauen ihre Würde wiederzugeben. Er war und ist der größte Vorkämpfer der Befreiung der Frauen und machte sie gegenüber dem Mann völlig gleichwertig. Sie ist geboren, um frei zu sein!

Paulus verkündigte wie kein anderer die gute Nachricht, dass Gott „in Christus" die Ungleichheit bei Männern und Frauen aufgehoben hat. Galater 3,28 ist die radikalste Aussage, sowohl im Alten Testament als auch im Neuen Testament! Gott hat „in Christus" seinen ursprünglichen Plan wiederhergestellt. „In Christus" sieht Gott Mann und Frau als gleichwertig an, weil sie durch die Taufe beide *„Christus angezogen"* haben. Wenn Gott sie jetzt betrachtet, sieht er Jesus in ihnen. Darum kann er seine Augen nicht von ihnen abwenden!

„IN CHRISTUS" SIEHT GOTT MANN UND FRAU ALS GLEICHWERTIG AN, WEIL SIE DURCH DIE TAUFE BEIDE „CHRISTUS ANGEZOGEN" HABEN.

12 IN CHRISTUS BIST DU TEIL DER FAMILIE GOTTES

*„Denn wie in Adam alle sterben,
so werden auch in Christus alle
lebendig gemacht werden."*
1. Korinther 15,22

Dieser Bibelvers spricht über das Sterben „in Adam" und das Wieder-lebendig-Werden „in Christus". Dieser Text verdeutlicht, was es bedeutet, „in jemand" zu sein. „In jemand" zu sein, ist dasselbe, wie in eine Familie hineingeboren zu werden. Du kannst dir deine Familie nicht aussuchen – die hast du nun einmal. Durch die Geburt bist du ein Teil dieser Familie, ob du das nun toll findest oder nicht.

Die Bibel lehrt uns, dass wir von Natur aus „in Adam" geboren werden. Adam steht als das Haupt der menschlichen Rasse. Er gab uns damit seinen Namen, seinen Charakter, sein Erbe und seine Bestimmung. Deshalb werden wir Adams Kinder genannt und sehen aus wie unser Vater. „In Adam" sind wir als menschliche Rasse in seiner Gesamtheit entartet. Wir haben alle seine sündige Natur geerbt (Ps 53,4; Phil 2,15). Hierdurch kamen wir in den Augen Gottes als totgeborene Kinder zur Welt. Unsere Sünden und unsere sündige Natur machen es unmöglich, eine persönliche Beziehung zu Gott zu haben.

Die Bibel lehrt zum Glück, dass wir „in Christus" von Neuem geboren werden können. Indem wir an das vollkommene Opfer Jesu glauben, dass er aus Liebe zu uns unsere Sünden auf sich nahm, wird uns vergeben, sind wir geistlich lebendig gemacht und Kinder Gottes geworden. Jesus Christus ist das Haupt von Gottes Familie hier auf Erden. Er gibt uns seinen Namen, seinen Charakter, sein Erbe und seine Bestimmung. Darum werden wir Christen genannt, ähneln Jesus immer mehr, haben „in Christus" Anteil an Gottes Verheißungen und haben in ihm ewiges Leben empfangen!

„In Christus" sind wir von Neuem geboren und Geschwister untereinander. Zusammen sind wir ein Teil von Gottes weltweiter Familie. Welch ein gewaltiger Segen!

„IN CHRISTUS" GIBT UNS GOTT SEINEN NAMEN,
SEINEN CHARAKTER, SEIN ERBE
UND SEINE BESTIMMUNG.

13 IN CHRISTUS BIST DU VON NEUEM GEBOREN

~~~

„Es sei denn, dass jemand geboren werde aus Wasser und Geist,
so kann er nicht in das Reich Gottes kommen.
Was vom Fleisch geboren ist, das ist Fleisch;
und was vom Geist geboren ist, das ist Geist.
Wundere dich nicht, dass ich dir gesagt habe:
Ihr müsst von Neuem geboren werden."
Johannes 3,5b-7 – LUT

~~~

Jesus sagt, dass ein Mensch das Königreich Gottes nur sehen und betreten kann, wenn er von Neuem geboren wird. *Von Neuem* kann auch *von oben her* bedeuten. Das Von-Neuem-geboren-Werden ist ein übernatürliches Wunder. Es bedeutet, dir selbst zu sterben und Anteil am Leben Jesu zu bekommen!

Eine Neugeburt ist mit einer Metamorphose einer Raupe zu einem Schmetterling vergleichbar. Der Körper einer Raupe unterscheidet sich wesentlich von dem eines Schmetterlings. Eine Raupe hat viel mehr Füße, besteht aus mehreren Segmenten und hat keine Flügel. Dennoch sind Raupe und Schmetterling ein Tier. In jeder Raupe schlummert ein Schmetterling.

Die Art und Weise, wie sich eine Raupe in einen Königs-schmetterling verwandelt, lehrt uns viel über die Neugeburt. In ihrem selbst gesponnenen Kokon verwandelt sich die Raupe in eine Art Raupensuppe. In einer Zeitspanne von 16 Stunden sterben all ihre Organe. Nichts bleibt von ihr übrig als nur ein rotes Herz, umgeben von einer gelblichen Substanz. Aus dieser Suppe entwickelt sich der Körper des Schmetterlings. Wenn die Metamorphose abgeschlossen ist, wird das Tier aus seinem eigenen Kokon von Neuem geboren. Es hat dann sechs Füße und vier schöne orangefarbene Flügel. Es hat zwei zusammengestellte Augen mit jeweils 6.000 Linsen, die empfindlich auf alle Farben reagieren und selbst auf ultraviolettes Licht. Das ist das Werk eines mächtigen Gottes!

Du bist nicht geschaffen, um als Raupe durchs Leben zu gehen. Deine Bestimmung ist es, als Königsschmetterling zu leben. Jesus sagt, dass du nur *„aus Wasser und Geist"* von Neuem geboren werden und in das Königreich kommen kannst. Durch die Taufe, das Untertauchen im Wasser, vereinst du dich mit dem Sterben Jesu. Durch die Taufe mit dem Heiligen Geist vereint sich der Heilige Geist mit dir und du wirst zugerüstet, seine Arbeit hier auf Erden weiterzuführen!

DU BIST NICHT GESCHAFFEN, UM ALS RAUPE DURCHS LEBEN ZU GEHEN. DEINE BESTIMMUNG IST ES, ALS KÖNIGSSCHMETTERLING ZU LEBEN.

14 | IN CHRISTUS BIST DU EINE NEUE SCHÖPFUNG

„Darum: Ist jemand in Christus, so ist er eine neue Kreatur;
das Alte ist vergangen, siehe, Neues ist geworden."
2. Korinther 5,17 – LUT

Als du durch die Neugeburt „aus Adam in Christus tratst",
kam Christus aus dem Himmel in dich und du wurdest eine
neue Schöpfung „in Christus". Von diesem Tag an hast du
einen neuen Status bekommen. Du bist jetzt ein geliebtes
Kind deines himmlischen Vaters: dir ist vergeben, du bist
gereinigt, geheiligt und gerechtfertigt. Dies ist eine fest-
stehende Tatsache, wenn du an Jesus glaubst, auch wenn
du dir dessen nicht immer bewusst bist.

Deshalb ist es wichtig zu lernen, was diese neue Schöpfung beinhaltet. Du musst dein „neues Ich" kennenlernen.
Die Bibel sagt, dass du *„den neuen Menschen an[ziehen musst],*
der nach Gott geschaffen ist in wahrer Gerechtigkeit und Heilig-
keit" (Eph 4,24 – LUT). *Den neuen Menschen anziehen* bedeutet nichts anderes als zu lernen, das zu empfangen, was du
„in Christus" bereits erhalten hast. Aus deiner neuen Position heraus darfst du lernen, „in Christus" zu denken und
zu leben.

Gott will, dass du dir deinen neuen und vollkommenen
Status „in Christus" aneignest. Er hat dich durch die Neu-

geburt mit Jesus geistlich vereinigt. „In Christus" sieht er dich jetzt als Königskind, als Himmelsbürger und Überwinder. Es wird sich nichts ändern, bis du diese Wahrheit annimmst und sie dir zu eigen machst.

Es ist gut, dass du dabei deine *ewige Position in Christus* von deinem *täglichen Wandel mit Jesus* unterscheidest:

- Wenn du glaubst, dass dein alter Mensch „in Christus" gekreuzigt ist (deine ewige Position), wirst du deinen alten Menschen mit seinen Leidenschaften und sündigen Begierden kreuzigen können (dein täglicher Wandel – Gal 5,24).

- Wenn du glaubst, dass du „in Christus" eine neue Schöpfung geworden bist (deine ewige Position), wird Jesu Geist sein Leben in dir leiten (dein täglicher Wandel – 1.Jo 4,17b).

- Wenn du glaubst, dass Gott dich „in Christus" als vollkommen ansieht (deine ewige Position), wird der Heilige Geist dir helfen, deine Heiligung „in Christus" zu vervollkommnen (dein täglicher Wandel – Hebr 10,14).

DEN NEUEN MENSCHEN ANZUZIEHEN, BEDEUTET NICHTS ANDERES, ALS ZU LERNEN, DAS ZU EMPFANGEN, WAS DU „IN CHRISTUS" BEREITS ERHALTEN HAST.

---

15 IN CHRISTUS HAST DU JETZT ANTEIL AN SEINER GÖTTLICHEN NATUR

―◦―

„Durch sie sind uns die teuren
und allergrößten Verheißungen geschenkt,
damit ihr dadurch Anteil bekommt an der göttlichen Natur,
die ihr entronnen seid der verderblichen Begierde in der Welt."
2. Petrus 1,4 – LUT

―◦―

„In Christus" hast du jetzt Anteil an der göttlichen Natur Jesu. Dies bedeutet nicht, dass du selbst wie Gott bist, sondern dass du für ewig mit Christus durch seinen Geist verbunden bist. Er nimmt es aus Jesus und teilt es dir zu. Das Leben Jesu strömt jetzt durch dich hindurch: das Auferstehungsleben, das dich nach dem Bild unseres Herrn Jesus verändert! Der Geist Jesu wird dich in das Leben Jesu einführen! Er wird dein Denken erneuern, deine Gefühle verändern und deinen Willen in Einklang mit Gottes Willen bringen!

Jesus versprach: *„Wenn aber jener, der Geist der Wahrheit, kommen wird, wird er euch in alle Wahrheit leiten. Denn er wird nicht aus sich selber reden; sondern was er hören wird, das wird er reden, und was zukünftig ist, wird er euch verkündigen. Er wird mich verherrlichen; denn* von dem Meinen wird er's nehmen und euch verkündigen. *Alles, was der Vater hat, das ist* *mein. Darum habe ich gesagt: Er wird's von dem Meinen nehmen und euch verkündigen"* (Joh 16,13-15 – LUT).

Wie bekommst du also Anteil an der göttlichen Natur Jesu? – Durch den Heiligen Geist, der in dir wohnt. Er wird dich von innen heraus verändern! Ab dem Moment, wenn du wieder auf deine eigenen Kräfte und Einsichten vertraust, wird die Sünde wieder über dich herrschen. Dass du „in Christus" eine neue Schöpfung geworden bist und Anteil an seiner göttlichen Natur bekommen hast, bedeutet nicht, dass du schon eine göttliche Natur hast. Erst wenn Jesus Christus wiederkommt, wirst du einen neuen, verherrlichten Leib empfangen, auf den die Sünde und der Tod nie mehr ihren Einfluss haben werden (1.Kor 15). Durch den Beistand des Heiligen Geistes hast du jetzt Anteil an der göttlichen Natur, und das Bild Jesu wird in dir sichtbar.

———∾∾∾———

*„IN CHRISTUS" HAST DU JETZT ANTEIL
AN DER GÖTTLICHEN NATUR JESU.
DER GEIST JESU WIRD DICH
IN DAS LEBEN JESU EINFÜHREN!*

———∾∾∾———

16 IN CHRISTUS BIST DU NICHT LÄNGER EIN SÜNDER

„Gott aber erweist seine Liebe zu uns darin,
dass Christus für uns gestorben ist,
als wir noch Sünder waren."
Römer 5,8 – LUT

Als wir noch nicht von Neuem geboren waren, waren wir in Gottes Augen *„Feinde"* (Röm 5,10), *„Heiden"* (1.Kor 12,2), *„Finsternis"* (Eph 5,8), *„Sünder"* (Röm 5,8) und *„Sklaven der Sünde"* (Röm 6,17+20). Wenn du diese Bibelverse liest, entdeckst du, dass Paulus immer in der Vergangenheitsform spricht. Das war nämlich deine Identität, als du noch „in Adam" warst. Als Sünder sündigst du gemäß deiner sündigen Natur. Aber als du „in Christus" von Neuem geboren wurdest, fand eine grundlegende Veränderung statt: Gott sieht dich „in Christus" nicht mehr länger als Sünder, sondern als Heilige/r. Wenn ein Heiliger sündigt, geht das gegen seine neue Identität „in Christus".

Dass Gott dich jetzt „in Christus" als heilig ansieht, bedeutet nicht, dass du nie mehr sündigen wirst oder dass du keine Vergebung mehr benötigst. Johannes sagt: *„Wenn wir sagen, wir haben keine Sünde, so betrügen wir uns selbst, und die Wahrheit ist nicht in uns"* (1.Jo 1,8 – LUT).

Der Unterschied zwischen einem Sünder und einem Heiligen, der sündigt, ist der, dass der Sünder seine Sünde verbirgt und der Heilige seine Sünde bekennt. Das ist der Unterschied zwischen „sündigen" und „in Sünde leben". Deshalb sagt Johannes: *„Wer aus Gott geboren ist, sündigt nicht, denn in ihm ist und bleibt die erneuernde Kraft Gottes. Gott ist sein Vater geworden – wie könnte er da noch sündigen!"* (1.Jo 3,9 – NGÜ).

Vielleicht fühlst du dich nicht so heilig und denkst, weil du eben doch noch sündigst, dass du immer noch ein Sünder bist. Sei versichert, dass das, was du denkst, fühlst oder tust, nicht länger deine Identität bestimmt, sondern was Jesus für dich am Kreuz getan hat! Bezeichne dich nicht länger als Sünder, sondern betrachte dich so, wie Gott dich „in Christus" sieht!

DER UNTERSCHIED ZWISCHEN EINEM SÜNDER UND EINEM HEILIGEN, DER SÜNDIGT, IST DER, DASS DER SÜNDER SEINE SÜNDE VERBIRGT UND DER HEILIGE SEINE SÜNDEN BEKENNT.

17 | IN CHRISTUS BIST DU NICHT LÄNGER EIN SKLAVE DER SÜNDE

„Wir wissen doch: Unser alter Mensch wurde mitgekreuzigt,
damit der von der Sünde beherrschte Leib vernichtet werde
und wir nicht Sklaven der Sünde bleiben."
Römer 6,6 – EU

Wenn du weißt, wer du „in Christus" bist, dann weißt du auch, dass dein „alter Mensch" mit Christus gekreuzigt ist. Dein „alter Mensch" ist deine von der Sünde beherrschte Natur. Das Ziel war, deinem Dasein als Sünder ein Ende zu machen – deshalb wurdest du mit Christus gekreuzigt. Gott will nicht, dass du noch länger ein Sklave der Sünde bleibst.

Ein Sünder ist an die Sünde gebunden. Er kann nicht anders als zu sündigen. Das ist seine sündige Natur. Paulus erklärt es im Anschluss deutlich: *„Ihr wisst doch: Wenn ihr euch als Sklaven zum Gehorsam verpflichtet, dann seid ihr Sklaven dessen, dem ihr gehorchen müsst; ihr seid entweder Sklaven der Sünde, die zum Tod führt, oder des Gehorsams, der zur Gerechtigkeit führt. Gott aber sei Dank; denn ihr wart Sklaven der Sünde, seid jedoch von Herzen der Lehre gehorsam geworden, an die ihr übergeben wurdet. Ihr wurdet aus der Macht der Sünde befreit und seid zu Sklaven der Gerechtigkeit geworden"* (Röm 6,16-18 – EU).

Deutlicher kann Paulus es nicht darlegen: Entweder bist du ein Sklave der Sünde oder im Dienst der Gerechtigkeit. Indem du mit ihm gekreuzigt wurdest, ist das Dasein als Sklave der Sünde definitiv zu Ende gekommen. Das bedeutet, dass du nicht mehr zu sündigen brauchst! Früher warst du ein Sklave der Sünde und konntest nicht anders. Jetzt ist die Macht der Sünde in deinem Leben gebrochen und du bist frei, gute Entscheidungen zu treffen.

Der Heilige Geist, der in dir wohnt, will dir dabei helfen. Er steht dir jeden Moment des Tages zur Seite, um die richtigen Entscheidungen zu treffen. Wenn du auf ihn hörst und ihm gehorsam bist, sterben deine alten Sehnsüchte. Du darfst lernen, jeden Tag Galater 5,16 (NGÜ) anzuwenden: *„Lasst den Geist Gottes euer Verhalten bestimmen, dann werdet ihr nicht mehr den Begierden eurer eigenen Natur nachgeben".*

**DAS ZIEL WAR,
DEINEM DASEIN ALS SÜNDER EIN ENDE ZU MACHEN –
DESHALB WURDEST DU MIT CHRISTUS GEKREUZIGT.**

18 IN CHRISTUS LEBST DU NICHT LÄNGER UNTER DEM GESETZ DER SÜNDE

„... ich sehe aber ein anderes Gesetz in meinen Gliedern,
das mit dem Gesetz meiner Vernunft im Streit liegt
und mich gefangen hält im Gesetz der Sünde,
von dem meine Glieder beherrscht werden."
Römer 7,23 – EU

In Römer 7 beschreibt Paulus, wie er ohne das Wissen gelebt hat, wer er „in Christus" eigentlich ist. Er gibt wieder, wie er als gesetzestreuer Jude mit seinem Verstand das Gesetz Gottes halten wollte, aber doch von der Sünde, die in ihm wohnte, überwältigt war. Seine ganze Existenz wurde von seiner sündigen Natur bestimmt. Da gab es kein Entkommen.

Deshalb spricht Paulus über das *„Gesetz der Sünde"*. Dieses Gesetz ist mit dem Naturgesetz der Schwerkraft zu vergleichen: Es will uns immer nach unten ziehen. So wie du dich auf Erden nicht dem Naturgesetz der Schwerkraft entziehen kannst, so kann sich niemand auf Erden dem geistlichen Gesetz der Sünde entziehen: Du sündigst, weil du ein Sünder bist.

Es ist sinnlos, sich gegen das Gesetz der Schwerkraft zu wehren. Du bist durch dieses Gesetz wie an die Erde genagelt. Es sei denn, dass du ein anderes Naturgesetz für dich arbeiten lässt. So sorgt das Gesetz der Aerodynamik dafür, dass ein Flugzeug das Gesetz der Schwerkraft überwindet. Wenn du ein Flugzeug betrittst, ist das Gesetz der Schwerkraft noch stets in Kraft. Du wirst jedoch in ein Gesetz mitgenommen, das stärker ist als das Gesetz der Schwerkraft. Dadurch bist du im Flugzeug in der Lage, dich von der Erde zu lösen.

„In Christus" wird der Kampf mit dem *„Gesetz der Sünde"* überwunden, weil du in ein total anderes Leben trittst: in das Leben Jesu Christi. Das Gesetz, wer du „in Christus" bist, steigt weit über das Gesetz der Aerodynamik hinaus. „In Christus" muss das *„Gesetz der Sünde"* für das *„Gesetz des Geistes"* (Röm 8,2) Platz machen. Die Sünde ist nicht länger Herr und Meister in deinem Leben, weil der Geist Jesu, der dich jetzt erfüllt, das Leben Jesu in dir bewirkt. „In Christus" lebst du nicht länger unter dem Gesetz der Sünde!

„IN CHRISTUS" WIRD DER KAMPF
MIT DEM „GESETZ DER SÜNDE" ÜBERWUNDEN,
WEIL DU IN EIN TOTAL ANDERES LEBEN TRITTST:
IN DAS LEBEN JESU CHRISTI.

---

19 IN CHRISTUS LEBST DU UNTER DEM GESETZ DES GEISTES

„Denn das Gesetz des Geistes,
der lebendig macht in Christus Jesus,
hat dich frei gemacht
von dem Gesetz der Sünde und des Todes."
Römer 8,2 – LUT

Hier auf Erden hat jedes Land seine eigenen Gesetze, die von den Einwohnern eingehalten werden müssen. Als Bürger des Königreiches der Niederlande lebe ich nach den Gesetzen und Regeln meines Landes. Ich bin von den Gesetzen anderer Länder befreit. Ausländische Gesetze betreffen mich nicht, solange ich mich in meinem Heimatland befinde.

Wenn du „in Christus" von Neuem geboren bist, bist du durch Gott aus der Macht der Finsternis erlöst und versetzt in das Königreich seines geliebten Sohnes (Kol 1,13). Das *„Gesetz der Sünde"* gilt nicht länger für dich, weil du ein Bürger von Gottes Königreich bist. Als Kind Gottes ist es unmöglich, gleichzeitig unter dem *„Gesetz der Sünde"* und unter dem *„Gesetz des Geistes"* zu leben. Die zwei haben nichts gemeinsam.

Du kannst es mit *Schwerkraft* und *Magnetkraft* vergleichen. Wenn du etwas aus deinen Händen fallen lässt, fällt es auf die Erde. Dies ist das Gesetz der Schwerkraft. Wenn du einen Magnet über einen Gegenstand aus Eisen hältst, wird er nach oben angezogen. Das ist das Gesetz der Magnetkraft. So ist das *„Gesetz der Sünde"* mit dem Gesetz der Schwerkraft zu vergleichen: Dieses will dich nach unten ziehen. Im Königreich Gottes gilt jedoch das *„Gesetz des Geistes"*: Hier geht es um die Anziehungskraft nach oben.

Dadurch, dass der Heilige Geist in dir wohnt, kommt übernatürliche Kraft in dein Leben – eine Kraft, die stärker ist als alles andere, was zuvor eine solche Anziehungskraft auf dein Leben ausübte: Geld, Macht, Klatsch und Tratsch, Bosheit, Ehebruch. Das ekelt dich jetzt an. Durch den Heiligen Geist wirst du jetzt von Jesus angezogen und zu einem ganz anderen Leben voller Liebe, Freude und Frieden animiert. „In Christus" wird Folgendes Wirklichkeit: Unser Leben wird nicht länger durch unsere eigene Natur bestimmt, sondern durch den Geist (Röm 8,4 – NGÜ).

„IN CHRISTUS" WIRD FOLGENDES WIRKLICHKEIT:
UNSER LEBEN WIRD NICHT LÄNGER
DURCH UNSERE EIGENE NATUR BESTIMMT,
SONDERN DURCH DEN GEIST.

20 | IN CHRISTUS SIEHST DU DICH SELBST ALS DER SÜNDE GESTORBEN AN

„So auch ihr, haltet dafür, dass ihr der Sünde gestorben seid
und lebt Gott in Christus Jesus. So lasst nun die Sünde
nicht herrschen in eurem sterblichen Leibe,
und leistet seinen Begierden keinen Gehorsam.“
Römer 6,11-12 – LUT

Als du noch nicht von Neuem geboren warst, konntest du nicht anders als zu sündigen. Das war deine sündige Natur. Du bekamst keine sündige Natur, indem du gesündigt hattest. Du hast gesündigt, weil du mit einer sündigen Natur geboren wurdest. Jetzt, wo du von Neuem geboren bist, lebst du nicht mehr länger als Sklave der Sünde, sondern hast Anteil an der göttlichen Natur Christi bekommen (2.Petr 1,4).

Dein Innerstes ist erlöst und verändert. Dies gilt jedoch noch nicht für deinen Körper. Dein Körper muss noch erlöst werden. Erst wenn Jesus Christus zurückkommt, wird er deinen *„unvollkommenen Körper umwandeln und wird ihn seinem eigenen Körper gleichmachen, der Gottes Herrlichkeit widerspiegelt“* (Phil 3,21a – NGÜ). Bis dahin, so sagt Paulus, sollt ihr die Sünde nicht *„in eurem sterblichen Leibe“* (Röm 6,12) herrschen lassen. Jetzt, wo du *„in Christus“* eine neue Schöpfung geworden bist, kannst du Autorität über deinen Körper ausüben und die Herrschaft der Sünde verweigern. Du kannst wählen, ob du deinen Körper als Werkzeug der Sünde oder als Werkzeug zur Gerechtigkeit einsetzt (Röm 6,13).

In dem Moment, wenn sündige Leidenschaften dir einen Streich spielen wollen, ist es wichtig, dass du dir bewusst wirst, dass du dem nicht länger zu gehorchen brauchst. Dein altes Ich ist mit Christus gekreuzigt und gestorben. Wenn du dich elend fühlst und dich gegen deine Begierden entscheiden musst, ist es wichtig, dass du dich selbst siehst, wie Gott dich „in Christus" sieht: als unzertrennliche Einheit mit ihm, innig geliebt, erwünscht und gewollt durch deinen himmlischen Vater. Indem du Gott für das dankst, wer du „in Christus" bist, bekommst du die Kraft, gegen die sündigen, leidenschaftlichen Verführungen und das Verlangen des Bösen „Nein" zu sagen. Der Geist Jesu wohnt in dir. Er bestätigt, wer du „in Christus" bist, und wird das Leben Jesu in dir verwirklichen. Das macht den Unterschied!

———

WENN DU DICH ELEND FÜHLST UND DICH GEGEN
DEINE BEGIERDEN ENTSCHEIDEN MUSST, IST ES WICHTIG,
DASS DU DICH SELBST SIEHST,
WIE GOTT DICH „IN CHRISTUS" SIEHT:
ALS UNZERTRENNLICHE EINHEIT MIT IHM.

———

21 | IN CHRISTUS BIST DU NICHT LÄNGER MIT DEM GESETZ VERHEIRATET

„Ebenso seid auch ihr, meine Brüder,
durch das Sterben Christi tot für das Gesetz,
sodass ihr einem anderen gehört, dem,
der von den Toten auferweckt wurde; ihm gehören wir ..."
Römer 7,4 – EU

In Römer 7,1-6 beschreibt Paulus, wie du, geistlich gesehen, mit „Herrn Gesetz" verheiratet bist. Er wird als dominanter Ehemann beschrieben. Unaufhörlich weist er dich auf deine Fehler und Mängel hin. Obwohl seine Normen ehrenhaft sind und er fortwährend von dir erwartet, dass du sie erfüllst, rührt er selbst keinen Finger, um dir zu helfen. Widerrede hat keinen Sinn. In deinem Herzen weißt du, dass er so oder so Recht hat. Er scheint der ideale Mann zu sein, aber er hat ein Herz aus Stein.

Du hast nicht die Freiheit, einen anderen Mann auszuwählen. Das wäre Ehebruch. Du hast ja bereits einen Mann: „Herrn Gesetz". Er hat dein Leben lang absolute Autorität über dich. Außerdem verdeutlicht Paulus, dass das Gesetz an und für sich nie sterben wird. Welch eine Aussicht! Welch eine schreckliche Gefangenschaft! Erst recht, wenn das Gesetz auch noch ein impotenter Ehemann zu sein scheint:

„Wäre ein Gesetz gegeben worden, das die Kraft hat, lebendig zu machen, dann käme in der Tat die Gerechtigkeit aus dem Gesetz ..." (Gal 3,21b – EU).

Aber dann kommt Paulus mit umwerfend guten Nachrichten. Wenn du Jesus Christus anrufst, um gerettet zu werden, wirst du auf mysteriöse Art und Weise „in Christus" aufgenommen. Dann bist du durch ihn für das Gesetz ein für alle Mal gestorben. Denn *„wisst ihr denn nicht, Brüder – ich rede doch zu Leuten, die das Gesetz kennen –, dass das Gesetz für einen Menschen nur Geltung hat, solange er lebt?"* (Röm 7,1 – EU). Du gehörst jetzt jemand anderem: Jesus Christus.

Das Gesetz wird durch die Juden auch „das Joch Gottes" genannt. Jesus lädt dich ein, unter sein Joch, in seinen Unterricht der Gnade und Gerechtigkeit, zu kommen: *„Kommt alle zu mir, die ihr euch plagt und schwere Lasten zu tragen habt. Ich werde euch Ruhe verschaffen. Nehmt mein Joch auf euch und lernt von mir; denn ich bin gütig und von Herzen demütig; so werdet ihr Ruhe finden für eure Seele. Denn mein Joch drückt nicht und meine Last ist leicht"* (Mt 11,28-30 – EU).

---

*OBWOHL SEINE NORMEN EHRENHAFT SIND
UND ER FORTWÄHREND VON DIR ERWARTET,
DASS DU SIE ERFÜLLST,
RÜHRT ER SELBST KEINEN FINGER, UM DIR ZU HELFEN.*

---

22 | IN CHRISTUS BIST DU VON GESETZLICHKEIT BEFREIT

„Durch Christus sind wir frei geworden,
damit wir als Befreite leben.
Jetzt kommt es darauf an, dass ihr euch nicht wieder
vom Gesetz versklaven lasst."
Galater 5,1 – Hfa

Als Jesus sagte: *„Kommt alle zu mir, die ihr euch plagt und schwere Lasten zu tragen habt"* (Mt 11,28 – EU), richtete er sich vor allem an Menschen, die durch ihre geistlichen Leiter, die hohe Anforderungen stellten, geplagt wurden und Lasten zu tragen hatten. So wie Jesus äußerst fanatisch gegen die Pharisäer kämpfte, kämpfte Paulus erbittert gegen Gesetzlichkeit. Gesetzlichkeit ist der Feind deiner Identität und Freiheit „in Christus".

Gesetzlichkeit lässt den Menschen immer noch daran glauben, dass er durch das Halten von allerlei Anordnungen und Regeln von Gott akzeptiert und angenommen wird. Jemand, der gesetzlich ist, klammert sich an das Gesetz auf Kosten der Gnade. Paulus sagt, dass so jemand noch unter dem Fluch des Gesetzes lebt und den reichen Segen Gottes unnötig verpasst (Gal 3,10-14).

Gesetzlichkeit ist unter anderem ein Kennzeichen des menschlichen Bedürfnisses nach Sicherheit. Freude, Sicherheit und Gewissheit beruhen dann nicht „in Christus", sondern in der korrekten Kirchenordnung, der richtigen Bibelübersetzung, der richtigen Ausdrucksweise, der anständigen Kleidung, dem richtigem Benehmen usw.

Paulus warnt dich, dir auf dem Gebiet des Essens und Trinkens, eines Feiertages, Neumondes oder des Sabbats von niemandem etwas vorschreiben zu lassen. Dies alles ist ein Schatten von dem, was noch kommt – die Wirklichkeit, das, worum es sich dreht, ist Christus (Kol 2,16-17; Röm 14,5-7).

Du bist frei zu wählen, auf welche Art und Weise du Gott ehren willst – was du tust, nicht isst bzw. trinkst oder an welchem Tag du mit anderen zusammen kommst, um Gott anzubeten. „Doch", warnt Paulus, „ihr müsst darauf achten, dass die Freiheit, die ihr für euch in Anspruch nehmt, für diejenigen, die ein empfindliches Gewissen haben, kein Hindernis wird, an dem sie zu Fall kommen" (1.Kor 8,9 – NGÜ). Gott will nicht, dass du deine Freiheit missbrauchst, indem du den Schwachen ein Anstoß bist, durch den sie ihren Glauben an Jesus verlieren.

<hr />

*GNADE GIBT DIR DIE FREIHEIT ZU GENIESSEN,
WER DU „IN CHRISTUS" BIST.
GOTTES LIEBE HAT AUCH DEINEN WILLEN UMSCHLOSSEN,
UM DAS ZU TUN, WAS ER VON DIR VERLANGT.*

<hr />

23 IN CHRISTUS BIST DU FREI VON JEGLICHER VERURTEILUNG

„Jetzt gibt es keine Verurteilung mehr für die,
welche in Christus Jesus sind."
Römer 8,1 – EU

Das Evangelium ist eine Botschaft atemberaubender Freiheit. Selbst wenn du hinfällst, kann der Böse dich nicht
verurteilen. So wie all deine Versuche, ein heiliges Leben
zu führen, dich früher nicht „aus Adam" rücken konnten
(du bliebst ein Sünder), so können deine sündigen Taten
dich jetzt nicht „aus Christus" rücken: Du bleibst in Gottes Augen gerecht! Jesus ist deine Gerechtigkeit – und das
wird sich nie ändern!

Du kannst unmöglich verurteilt und gleichzeitig freigesprochen werden. Wenn der Richter verkündet, dass du
nicht schuldig bist, gibt es keine Verurteilung. Darum sagt
Paulus: „Wer in Christus ist, wird nicht mehr verurteilt".
Gott hat gesprochen. Die Tatsache, dass du „in Christus"
angenommen bist, ist endgültig.

Wenn du mit Christus verbunden bist, bist du ein freier
Mensch geworden. Sicherlich, es werden immer noch Anklagen gegen dich ausgesprochen. Dein eigenes Gewissen
klagt dich an. Der Teufel tut sein Äußerstes, um dich glau-

ben zu lassen, dass du ein großer Sünder bist und bleibst. Und es gibt da noch Menschen in deinem Umfeld, die über deine Äußerungen urteilen. Aber wenn du „in Christus" bist, hat dies alles keinen Einfluss mehr auf dich. Du brauchst dich selbst nicht mehr zu verurteilen und dich auch nicht mehr von anderen verurteilen zu lassen, weil das Urteil Gottes über die Sünde auf Jesus gelegt wurde. Denn du bist jetzt „in Christus" freigesprochen. Du bist frei, vollkommen frei, um Gott zu dienen.

Deshalb ruft Paulus in Römer 8 aus: *„Gott ist für uns; wer kann uns da noch etwas anhaben?"* (V. 31b – NGÜ). *„Wer wird es noch wagen, Anklage gegen die zu erheben, die Gott erwählt hat?"* (V. 33a– NGÜ). *„Ist da noch jemand, der sie verurteilen könnte?"* (V. 34a – NGÜ). *„Was kann uns da noch von Christus und seiner Liebe trennen?"* (V. 35a – NGÜ). Es gibt keinen Moment, keine Situation, keinen Ort, an dem Gott nicht für dich ist! Du darfst dich in dem strahlenden Licht dieser Wahrheit sonnen.

SO WIE ALL DEINE VERSUCHE,
EIN HEILIGES LEBEN ZU FÜHREN,
DICH FRÜHER NICHT „AUS ADAM" RÜCKEN KONNTEN
(DU BLIEBST EIN SÜNDER),
SO KÖNNEN DEINE SÜNDIGEN TATEN
DICH JETZT NICHT „AUS CHRISTUS" RÜCKEN.

---

24 IN CHRISTUS EMPFÄNGST DU GOTTES ERBE

„Der Gott Jesu Christi, unseres Herrn,
der Vater der Herrlichkeit,
gebe euch den Geist der Weisheit und Offenbarung,
damit ihr ihn erkennt. Er erleuchte die Augen eures Herzens,
damit ihr versteht,
zu welcher Hoffnung ihr durch ihn berufen seid,
welchen Reichtum die Herrlichkeit
seines Erbes den Heiligen schenkt ...“
Epheser 1,17-18 – EU

Ist dir wohl bewusst, wie reich du „in Christus" bist? Ist dir wohl bewusst, wie viele Reichtümer du in ihm empfangen hast? Gott hat dich berufen, „in Christus" ein/e Heilige/r zu sein und Anteil an seinem Erbe zu haben (Röm 1,7). Jesus hat dich in seinen Tod mitgenommen und er nahm dich auch in seiner Auferstehung mit. So bist du ein „Miterbe Christi" geworden (Röm 8,17). Dies bedeutet, dass Gott dich als sein Kind adoptiert hat und dass du nun dieselben Rechte wie Jesus Christus erworben hast. Du empfängst dieses Erbe nicht erst später, wenn du „dort drüben im Himmel" bist. Nein, wir danken dem Vater, der uns befähigt, an dem Erbe der Heiligen im Licht teilzuhaben (Kol 1,12).

Dein erstes Erbe ist eine persönliche Beziehung zu Gott, dem Vater. Du bist jetzt kein Sklave mehr, sondern ein Sohn Gottes. In der Bibel steht: *„Und wenn du Sohn bist, dann hat Gott dich auch zum Erben gemacht"* (Gal 4,7 – NeÜ). Jetzt kann zwischen dir und dem himmlischen Vater eine geistliche, innige und direkte Beziehung entstehen. Du benötigst keinen menschlichen Mittler mehr, um dich Gott zu nahen. Du hast immer und überall direkten Zugang zu Gott, deinem himmlischen Vater.

Dein zweites Erbe besteht darin, dass alles, was für Christus Gültigkeit hat, jetzt auch für dich gilt. Im Gleichnis vom verlorenen Sohn sagt der Vater zum älteren Sohn: *„Aber Kind, ... du bist doch immer bei mir, und alles, was mir gehört, gehört auch dir!"* (Lk 15,31). Aber wenn du dir nicht bewusst bist, wie reich du „in Christus" bist oder wenn du dein Erbe nicht einlöst, *„besteht zwischen ihm und einem Sklaven kein Unterschied, obwohl ihm als Erben schon alles gehört"* (Gal 4,1 – Hfa).

∿

**„MITERBEN CHRISTI" BEDEUTET,
DASS GOTT DICH ALS SEIN KIND
ADOPTIERT HAT UND DU DIESELBEN RECHTE
WIE JESUS CHRISTUS ERWORBEN HAST.**

∿

25 │ IN CHRISTUS BIST DU IN JEDER HINSICHT REICH GEWORDEN

„Durch ihn hat er euch in jeder Hinsicht reich gemacht ..."
1. Korinther 1,5a – NGÜ

Ist dir wohl bewusst, wie reich du „in Christus" bist? Paulus stellt die Frage, in welcher Hinsicht du in ihm reich geworden bist. Es ist sinnvoll zu wissen, wie reich du „in Christus" bist,

- da du deinen Reichtum nur dann genießen kannst, wenn du weißt, was du hast;

- da du deinen Reichtum nur dann nutzen und gebrauchen kannst, wenn du dir eine Vorstellung machen kannst, wie dein Reichtum aussieht und

- da du deinen Reichtum nur dann halten und vergrößern kannst, wenn du weißt, woraus dein Reichtum besteht.

Paulus formuliert deinen Reichtum „in Christus" folgendermaßen:

- „In Christus" bist du reich im *Sprechen* (1.Kor 1,5). Du bekennst, dass Jesus dein Herr ist, der dich aus der Macht des Bösen erlöst, der dir deine Sünden durch sein Opfer am Kreuz vergibt, der Gottes Verheißungen erfüllt und sie wahr macht. Reicher kannst du nicht werden.

- „In Christus" bist du reich an *Erkenntnis* (1.Kor 1,5). Wahre Erkenntnis ist zu wissen, wer du „in Christus" bist. Das ist deine Stärke! Das bestimmt deine Identität. Du bist steinreich, wenn du zu Jesus Christus gehörst und Sicherheit darin hast, wer du in ihm bist!

- „In Christus" bist du reich an *Gaben* (1.Kor 1,7). In ihm fehlt es dir an keiner einzigen Gabe des Geistes. Der Heilige Geist wohnt immerhin in dir. Er will alle seine Gaben, die du benötigst, um ein Zeuge Jesu Christi zu sein, reichlich austeilen (1.Kor 12).

Du weißt, dass dir dies alles „in Christus" geschenkt wurde. Du besitzt nichts, was dir nicht bereits geschenkt wurde. Du darfst in deiner Einheit mit ihm wachsen, damit der Reichtum Christi zu seinem Recht kommt. Du wirst wachsen, wenn du deinen Reichtum mit anderen teilst, indem du erzählst, wie reich du selbst in ihm geworden bist.

ES IST SINNVOLL ZU WISSEN, WIE REICH DU „IN CHRISTUS" BIST, DA DU DEINEN REICHTUM NUR NUTZEN UND GEBRAUCHEN KANNST, WENN DU DIR VORSTELLEN KANNST, WIE DEIN REICHTUM AUSSIEHT.

---

26 IN CHRISTUS BIST DU DER REICHSTE MENSCH DER WELT

———※———

„... ich vermag alles durch den, der mich mächtig macht."
Philipper 4,13 – LUT

———※———

Die Wurzel der Armut besteht darin, dass du denkst und glaubst, du seist wertlos, wodurch du weder Hoffnung noch den Mut besitzt, etwas zu verändern. Dies macht dich hoffnungslos und passiv.

Armut und Reichtum werden nicht durch das bestimmt, was du besitzt oder nicht. Viele Reiche leben in einem Geist der Armut. Sie haben Besitztümer gesammelt, weil sie dachten, sie bräuchten sie, um sich wertvoll und geliebt zu fühlen.

Paulus hat Zeiten der Armut, aber auch des Wohlstandes gekannt. In jeglicher Situation wusste Paulus, dass er „in Christus" Gottes nie versagende Liebe besaß, wodurch er von den Umständen unabhängig wurde. Wörtlich schreibt er: *„Ich sage das nicht etwa wegen der Entbehrungen, die ich zu ertragen hatte; denn ich habe gelernt, in jeder Lebenslage zufrieden zu sein. Ich weiß, was es heißt, sich einschränken zu müssen, und ich weiß, wie es ist, wenn alles im Überfluss zur Verfügung steht. Mit allem bin ich voll und ganz vertraut: satt zu sein und zu hungern, Überfluss zu haben und Entbehrungen zu ertragen.*

Nichts ist mir unmöglich, weil der, der bei mir ist, mich stark macht." (Phil 4,11-13 – NGÜ).

Paulus' Geheimnis besteht darin, dass er weiß, wer er „in Christus" ist. In ihm sind alle Dinge möglich! Wenn du dich selbst weiterhin als einen armen Sünder siehst, dann wirst du dich auch als armer Sünder verhalten. Wenn du dich jedoch „in Christus" als eine neue Schöpfung siehst, dann wirst du dich, je länger je mehr, als erneuerter Mensch verhalten. Wenn du dich selbst als jemand siehst, der „in Christus" alles kann, wirst du entdecken, dass du viel mehr kannst, als du je gedacht hast.

Wenn du weißt, wer du „in Christus" bist, werden Einsicht, Feinfühligkeit und Unterscheidungsvermögen in deinem Leben wachsen (Phil 1,9-10). Dann wirst du in seiner Kraft Dinge tun, die du nie für möglich gehalten hast. Zu wissen, wer du „in Christus" bist, ist deine Stärke!

*IN JEGLICHER SITUATION WUSSTE PAULUS,
DASS ER „IN CHRISTUS"
GOTTES NIE VERSAGENDE LIEBE BESASS, WODURCH ER
VON DEN UMSTÄNDEN UNABHÄNGIG WURDE.*

27 | IN CHRISTUS BIST DU MIT DEM HEILIGEN GEIST VERSIEGELT

―∿―

„Durch ihn habt auch ihr das Wort der Wahrheit gehört,
das Evangelium von eurer Rettung; durch ihn habt ihr
das Siegel des verheißenen Heiligen Geistes empfangen,
als ihr den Glauben annahmt."
Epheser 1,13 – EU

―∿―

In Christus bist du überaus reich gesegnet. Als du gläubig wurdest, wurde dein Herz durch das Blut Jesu von allen deinen Sünden gereinigt, und der Heilige Geist konnte in dir Wohnung nehmen. An diesem Tag wurdest du mit dem Heiligen Geist „in Christus" versiegelt. Du bist sein Eigentum geworden.

In der Antike diente ein Siegel als gesetzlicher Schutz und Garantie der Echtheit und Gültigkeit. Der Gegenstand, der versiegelt war, galt als erkennbares Eigentum des Eigentümers des Siegels. Gott hat sein Eigentumsmerkmal auf dich gesetzt, indem er dich mit dem Heiligen Geist versiegelte. Diese Versiegelung zeigt, dass du in Gottes Augen besonders wertvoll bist. Sein Geist hat sich mit deinem Geist vereint und bezeugt und befestigt, dass du jetzt zu Christus gehörst; zu seinem Dienst gerufen, um für immer mit und für ihn zu leben.

So wie ein versiegeltes Poststück immer ankommt und nicht verloren geht, so wird dein Leben „in Christus" nicht für ewig verloren gehen, sondern den Bestimmungsort, d. h. das Ziel, erreichen. Der Heilige Geist, der jetzt in dir wohnt, wird dich leiten und dir helfen – Tag für Tag. Du darfst ihn kennenlernen und lernen, für die Kraft und die Gaben des Geistes empfänglich zu sein.

Gottes Siegel auf deinem Leben besagt, dass du jetzt zu ihm gehörst. Durch deinen Glauben an Christus bist du ein Teil von ihm, und nichts wird dich von ihm trennen können. Für ewig bist du sein Eigentum. Er wird dich in sein Herz schließen und dein Leben bis zum Tag deiner Erlösung umsorgen, wenn du ihn von Angesicht zu Angesicht siehst. Bis zu der Zeit halten dich Gottes allmächtige Hände fest. Sei davon überzeugt. Das ist Gottes Verheißung für dich „in Christus".

SO WIE EIN VERSIEGELTES POSTSTÜCK IMMER ANKOMMT UND NICHT VERLOREN GEHT, SO WIRD DEIN LEBEN „IN CHRISTUS" NICHT FÜR EWIG VERLOREN GEHEN, SONDERN DEN BESTIMMUNGSORT, D. H. DAS ZIEL, ERREICHEN.

---

28 | IN CHRISTUS EMPFÄNGST DU EINEN TEIL SEINER SALBUNG

―

„Gott aber sei Dank! Weil wir mit Christus verbunden sind,
lässt er uns immer in seinem Triumphzug mitziehen
und macht durch uns an jedem Ort bekannt, wer er ist,
sodass sich diese Erkenntnis
wie ein wohlriechender Duft überallhin ausbreitet."
2. Korinther 2,14 – NGÜ

―

Paulus verdeutlicht anhand eines Beispiels, wie reich du
„in Christus" bist. Er vergleicht deine Verbundenheit mit
Christus mit dem Sieg eines römischen Feldherrn, für den
ein Triumphzug durch die Stadt organisiert wurde. Im römischen Reich war es Sitte, dass ein Befehlshaber des Hee-
res in seinem Streitwagen mit einem Siegeskranz gekrönt
und mit einem stark duftenden Öl gesalbt wurde. Anschließend durfte er seinen Siegeszug durch die Stadt abhalten.
Dabei war es seiner Frau erlaubt, neben ihm Platz zu nehmen und ihn in einer festlichen Parade durch die Stadt zu
begleiten. Am Ende dieses Triumphzuges konnten all ihre
Hausgenossen riechen, dass sie in der Nähe ihres gesalbten Mannes gewesen war.

An dieses Bild denkt Paulus, wenn er deine Verbundenheit mit Christus beschreibt. „In Christus" zu sein bedeu-

tet, dass Jesus dich an seinem Sieg teilhaben lässt. Er behandelt dich nicht wie seinen Kriegsgefangenen, sondern wie seine Braut und Königin. Du darfst als Braut Christi neben Jesus im verzierten Streitwagen Platz nehmen. Als er gesalbt wurde, empfingst auch du einen Teil seiner Salbung: die Kraft des Heiligen Geistes!

In Christus sein bedeutet wörtlich *in dem Gesalbten sein*. Du trägst diese „Salbung des Sieges" Christi in dir. Überall, wo du erscheinst, wird dieser Wohlgeruch des Gesalbten bemerkt. Jeder wird hierdurch wissen, dass du zu Jesus gehörst. So nimmt Jesus dich mit in seinen Sieg. Darum heißt es in der Elberfelder Übersetzung: *„Gott aber sei Dank, der uns allezeit im Triumphzug umherführt in Christus"*. Du darfst lernen zu triumphieren und zu feiern, dass der Sieg durch Jesus für dich bereits errungen ist! Im Triumphieren liegt deine Kraft. In der Überwindung Jesu liegt deine Autorität. Du kannst jedoch nur in deiner Autorität stehen, wenn du weißt und glaubst, wer du durch Gottes Gnade „in Christus" bist.

*IN CHRISTUS SEIN BEDEUTET WÖRTLICH
IN DEM GESALBTEN SEIN. DU TRÄGST
DIESE „SALBUNG DES SIEGES" CHRISTI IN DIR.*

29 IN CHRISTUS DARFST DU LERNEN ZU TRIUMPHIEREN

„Gott aber sei Dank,
der uns allezeit im Triumphzug umherführt in Christus ..."
2. Korinther 2,14

Bei „geistlichem Kampf" denkt man schnell an heftige Auseinandersetzungen mit teuflischen Mächten. Obschon es wahr ist, dass der Teufel darauf aus ist, dich „aus Christus" zu rücken, ist es nicht Gottes Wille, dass du ständig mit ihm zu kämpfen hast. Gottes Wort sagt selbst, dass du an seiner Ruhe Anteil haben sollst (Hebr 4,3). Jesus selbst ist die Ruhe. Der Schlüssel zu einem überwindenden Leben liegt in dem fortwährenden „In Christus"-Sein, worin Mut, Kraft, tiefe Freude und Frieden zu finden sind.

Geistlicher Kampf bedeutet, dass du lernst, den Angriffen des Bösen durch Ruhen im Sieg Christi entgegenzustehen. Jesus hat den Teufel entlarvt, entwaffnet und besiegt (Kol 2,15). Gott hat dich „in Christus" auf besiegtes Territorium gestellt. Du darfst Gottes Waffenrüstung anziehen und in dem Sieg Christi ruhen (Eph 6).

Nach Paulus besteht geistlicher Kampf darin, dass du allezeit in Christus triumphierst. Das bedeutet, du feierst, dass der Sieg bereits errungen ist. Als siegesbewusster

Christ brauchst du nicht für den Sieg zu kämpfen. Dein Part ist, den Sieg zu feiern! Es geht nicht mehr darum, was du zu tun hast, sondern was Jesus für dich getan hat. Es geht nicht mehr darum, was du zu bewältigen hast, sondern um das, was Jesus für dich vollbracht hat.

Während des Abendmahls gedenken wir nicht allein des Leidens und Sterbens Jesu, sondern wir feiern auch, dass der Sieg über Sünde, Krankheit und Tod errungen ist. In Psalm 23,5 singt David: *„Du bereitest vor mir einen Tisch angesichts meiner Feinde ..."*. Das hebräische Wort für *Tisch* bedeutet ursprünglich *Tierhaut* und verweist auf das Opfer, das zur Versöhnung gebraucht wurde.

Aufgrund des Lammes, das geschlachtet wurde, lädt Gott dich ein, mit ihm vor den Augen deiner geistlichen Feinde zu picknicken! So lässt Gott dich zu allen Zeiten „in Christus" triumphieren. Dein Fokus ist allein auf Jesus gerichtet.

AUFGRUND DES LAMMES, DAS GESCHLACHTET WURDE, LÄDT GOTT DICH EIN, MIT IHM VOR DEN AUGEN DEINER GEISTLICHEN FEINDE ZU PICKNICKEN!

30 IN CHRISTUS BIST DU MEHR ALS EIN ÜBERWINDER

„Aber in diesem allen sind wir mehr als Überwinder
durch den, der uns geliebt hat."
Römer 8,37

In deinem Leben kann viel geschehen, durch das du dich aus der Bahn geworfen fühlst. Paulus kann hier mitreden. Er erfährt Widerwärtigkeiten, viel Elend, Verfolgung, Hunger, Armut und allerlei Gefahren (Röm 8,35). Manchmal denkst du, dass du Gott dadurch aus den Augen verloren hast oder dass Gott dich auf die eine oder andere Art verloren hat. Das ist der innerliche Kampf deiner Seele. Doch inmitten dieser Anfechtungen hält Paulus an seinem Glauben fest und sagt laut: *„Und doch: In all dem tragen wir einen überwältigenden Sieg davon durch den, der uns so sehr geliebt hat"* (NGÜ): Jesus Christus!

Paulus sagt, dass wir so mit Christus eins sind, dass wir „in Christus" mehr als Überwinder sind. Aber wie kannst du denn mehr als ein Überwinder sein? Was bedeutet dieser Ausdruck? – „In Christus" zu sein bedeutet, dass du nicht selbst den Kampf bis aufs Blut gekämpft hast, sondern dass Jesus dies für dich getan hat, während du die Siegestrophäe in Empfang nehmen darfst. Denk mal an einen

Kickboxer, der grün und blau geschlagen wurde, aber als Sieger aus dem Ring steigt. Er kommt zu seiner Frau nach Hause und händigt ihr einen Scheck über 100.000,00 Euro aus. Sie ist mehr als eine Überwinderin!

Aber nur allzu gerne lässt der Teufel dich glauben, dass „wer du bist" bestimmt wird durch „was du tust". Er will dich gerne glauben lassen, dass du in Gottes Augen nicht gut genug bist, dass du nie deine sündige Natur überwinden wirst und dass du keine Freude erleben kannst. Wenn du in den Spiegel schaust, siehst du auch nicht immer einen Sieger. Deshalb musst du in Jesu Augen schauen! Dann hat der Böse dich nicht mehr im Griff (1.Jo 5,18).

Wenn du weißt, wer du „in Christus" bist, wirst du nicht länger *von* deinen Umständen abhängig sein, sondern lernst, *in* deinen Umständen mit ihm zu regieren!

WENN DU WEISST, WER DU „IN CHRISTUS" BIST, WIRST DU NICHT LÄNGER VON DEINEN UMSTÄNDEN ABHÄNGIG SEIN, SONDERN LERNST, IN DEINEN UMSTÄNDEN MIT IHM ZU REGIEREN!

---

31 | IN CHRISTUS DARFST DU ALS KÖNIG HERRSCHEN

„... so werden erst recht alle, die Gottes Gnade und das Geschenk der Gerechtigkeit in so reichem Maß empfangen haben, durch den Einen, durch Jesus Christus, leben und herrschen."
Römer 5,17 – NeÜ

Gott hat dich gerufen, „in Christus" ein Leben im Sieg zu führen. Paulus sagt, dass du in diesem Leben mit Christus als König herrschen wirst, wenn du das, was aus ihm hervorkommt, empfängst: das Geschenk der Gnade und das Geschenk der Gerechtigkeit. Beide Geschenke benötigst du, um ein Leben im Sieg „in Christus" zu führen.

Gnade bedeutet, dass Gott dir nicht gibt, was dir eigentlich zusteht: *Strafe*. Gerechtigkeit bedeutet, dass Gott dir zukommen lässt, was du nicht verdient hast: *seine Zustimmung und Akzeptanz*.

Durch die Gnade Gottes sind dir all deine Sünden vergeben. Gnade ist ein mächtiger Strom, der kontinuierlich aus dem Himmel zu dir herabströmt und der immer verfügbar ist. Dennoch ist die Gefahr groß, dass du immer wieder in Sünde zurückfällst, wenn du nur die Gnade Gottes kennst. Du vertraust darauf, dass Gott dir immer wieder aufs Neue gnädig sein wird. Das Leben, so wie Gott es gemeint hat, ist so viel mehr als nur dieses. Gott will dir obendrein etwas ganz Besonderes geben: das Geschenk seiner Gerechtigkeit.

Gerechtigkeit (oder Rechtfertigung) bedeutet, dass Gott dich „in Christus" zu hundert Prozent akzeptiert und angenommen hat. Nur wenn du dir sicher bist, dass Gott dich „in Christus" bedingungslos liebt und dass er dich „in Christus" als rein, heilig, gerecht und vollkommen ansieht, kannst du von deinen Schuldgefühlen, deiner Scham, Angst vor Verurteilungen und deinen Neigungen zu sündigen, die dein Leben beherrschen, befreit werden.

Hiob 36,7 (SLT) besagt: *„Er* [Gott] *wendet seine Augen nicht ab von dem Gerechten, und er setzt sie auf ewig mit Königen auf den Thron, damit sie herrschen".* Du darfst das Geschenk der Gnade Gottes und das Geschenk seiner Gerechtigkeit empfangen. Dann wirst du nicht länger auf die Umstände *reagieren,* sondern „in Christus" wie ein König in allen schwierigen Umständen des Lebens *regieren.*

DURCH DAS GESCHENK DER GERECHTIGKEIT BIST DU JETZT IN DER LAGE, „IN CHRISTUS" EIN HEILIGES LEBEN ZU FÜHREN UND IN DER VERBINDUNG MIT IHM ALS KÖNIG ÜBER ALLE UMSTÄNDE ZU REGIEREN!

---

32 | IN CHRISTUS HAT DAS BÖSE KEINEN EINFLUSS MEHR AUF DICH

„Wir wissen, dass jeder, der aus Gott geboren ist,
nicht sündigt; sondern wer aus Gott geboren ist,
der bewahrt sich selbst, und der Böse tastet ihn nicht an."
1. Johannes 5,18 – SLT

Der Teufel kann dich irreführen, versuchen, an etwas hindern, anklagen und einschüchtern; aber „in Christus" ist es unmöglich, dass er Einfluss auf dich ausübt. Das ist es, was Johannes hier lehrt, und er erklärt, wie das sein kann. Er unterscheidet zwischen „sündigen" und „in Sünde leben". Als du noch ein Sünder warst, lebtest du in der Sünde: Du hast als Folge deiner sündigen Natur gesündigt. Jetzt, wo du „in Christus" ein/e Heilige/r geworden bist, wirst du nicht weiter in Sünde leben: Zu sündigen steht konträr zu deiner neuen Identität „in Christus".

Darum sagt Johannes, dass jeder, der von Neuem geboren ist, nicht sündigt. Diese Übersetzung kann viel Verwirrung verursachen. Wörtlich steht geschrieben, dass er *nicht weiter bewusst sündigt*. Im selben Brief sagt Johannes: *„Wer mit ihm verbunden ist und in ihm bleibt, sündigt nicht. Wer sündigt, hat nichts von Gott begriffen und kennt ihn nicht"* (1.Jo 3,6 – NGÜ). *„Wer aus Gott geboren ist, sündigt nicht, denn in ihm ist* und bleibt die erneuernde Kraft Gottes. Gott ist sein Vater geworden – wie könnte er da noch sündigen!" (1.Jo 3,9 – NGÜ).

Wenn du in Sünde zurückfällst – indem du sie nicht bekennst –, bekommt der Böse wieder Einfluss auf dich. Doch wenn du durch eine Sünde strauchelst – und diese gleich bekennst –, ist es wichtig, dass du dich der Worte Jesu erinnerst: *„Bleibt in meiner Liebe!"* (Joh 15,9b). Denn wenn du gestrauchelt bist, wird der Böse kommen und dich anklagen. Jesus sagt, dass es gerade dann wichtig ist, sich zu erinnern, dass er dich immer lieb hat, was auch geschehen mag! Er weiß, dass du aus dem Land der Sklaverei ins verheißene Land strauchelnd unterwegs bist. Indem du dich selbst in der Liebe Christi bewahrst, hat der Böse keinen Einfluss auf dich (Jud 21).

DER TEUFEL KANN DICH IRREFÜHREN, VERSUCHEN, AN ETWAS HINDERN, ANKLAGEN UND EINSCHÜCHTERN; ABER „IN CHRISTUS" IST ES UNMÖGLICH, DASS ER EINFLUSS AUF DICH AUSÜBT.

33 | IN CHRISTUS LERNST DU, DICH IN SCHWACHHEIT ZU RÜHMEN

„Ich habe also Grund zum Rühmen in Christus Jesus, vor Gott."
Römer 15,17 – SLT

Wenn du von Neuem geboren bist, schlägt das Herz Jesu und wohnt *der Geist Jesu* in dir. So wie Jesus sich in der Welt als Lamm Gottes (*sanftmütig*) und Löwe von Juda (*mutig*) offenbarte, so offenbart sich der Geist Gottes auch in dir. Nicht umsonst sprach Jesus die Worte: *„... lernt von mir; denn ich bin sanftmütig und von Herzen demütig; so werdet ihr Ruhe finden für eure Seelen"* (Mt 11,29 – LUT). Das Außergewöhnliche an Jesus ist, dass sich in ihm Verletzlichkeit und Stärke vereinigen.

Wenn du die Stärke von Jesus Christus erfahren willst, wirst du merken, dass du gerade dann stark in ihm wirst, wenn du dich verwundbar zeigst. Gerade wenn du dir deiner menschlichen Schwäche bewusst wirst, wird in deinem Leben eine neue Stärke sichtbar und für andere erfahrbar werden: die Stärke eines Löwen und die eines Lammes in der Person Jesus Christus!

Weißt du, wie diese Stärke eines Löwen und die eines Lammes in dir freigesetzt werden? – Nicht allein dadurch, dass du dir deiner Schwäche bewusst bist. Nur wenn du dich

„in Christus" deiner Schwachheit rühmst, dann werden die Stärke eines Löwen und die eines Lammes durch Jesus in dir freigesetzt. Dies ist es, was Paulus dir beibringen will: *„Doch der Herr hat zu mir gesagt: Meine Gnade ist alles, was du brauchst, denn meine Kraft kommt gerade in der Schwachheit zur vollen Auswirkung. Daher will ich nun mit größter Freude und mehr als alles andere meine Schwachheiten rühmen, weil [!] dann die Kraft von Christus in mir wohnt. Ja, ich kann es von ganzem Herzen akzeptieren, dass ich wegen Christus mit Schwachheiten leben und Misshandlungen, Nöte, Verfolgungen und Bedrängnisse ertragen muss. Denn gerade dann, wenn ich schwach bin, bin ich stark"* (2.Kor 12,9-10 – NGÜ).

Gott offenbart seine „Löwe-Lamm-Stärke" in dir, wenn du dich „in Christus" deiner Schwachheit rühmst. Dies ist keine falsche Demut oder Bescheidenheit, sondern ein Bewusstwerden deiner eigenen Unfähigkeit und deines Unvermögens. *Meine Schwachheiten rühmen* bedeutet, dass du Gott für alles dankst, was du nicht in Händen hast. Dann wird Gott die „Löwe-Lamm-Stärke" in dir offenbaren!

*NUR WENN DU DICH „IN CHRISTUS"
DEINER SCHWACHHEIT RÜHMST,
DANN WERDEN DIE STÄRKE EINES LÖWEN UND
DIE EINES LAMMES DURCH JESUS IN DIR FREIGESETZT.*

34 IN CHRISTUS BIST DU SICHER

„Trachtet nach dem, was droben ist,
nicht nach dem, was auf Erden ist.
Denn ihr seid gestorben,
und euer Leben ist verborgen mit Christus in Gott."
Kolosser 3,2-3 - LUT

Während der letzten Jahre habe ich Kindern diesen Bibelvers mit meiner Hand veranschaulicht. Ich zeichnete einen Smiley auf meinen Daumen und erzählte ihnen, dass sie jetzt „Klein Däumchen" sind. Fröhlich und frei geht er durchs Leben. Aber das Leben ist voller Gefahren und „Klein Däumchen" benötigt Schutz. Dann verstecke ich meinen Daumen, indem ich die Finger derselben Hand um den Daumen lege. Das zeigt meine Position „in Christus". Anschließend lege ich meine linke Hand über meine rechte Hand: Mit Christus bin ich in Gott verborgen.

In seinen Unterweisungen verdeutlicht Paulus, dass du mit Christus *gekreuzigt* wurdest (Gal 2,20), mit Christus *gestorben* bist (Kol 3,3) und mit Christus *auferweckt* wurdest (Kol 3,1). „In Christus" bist du zu einer neuen Schöpfung geworden und hast ein neues geistliches Leben empfangen. Dieses neue Leben ist wie ein geistlicher Schatz in einem irdenen Krug: Dein irdisches Bestehen ist verwundbar, zerbrechlich und nicht ohne Gefahren (2.Kor 4,7-11). Deshalb sagt Paulus, dass wir unseren Blick auf das, was von oben ist, richten sollen und nicht auf das, was hier auf Erden geschieht.

Wer du „in Christus" bist, ist dein kostbarster *Schatz*. Jesus Christus ist der *Bewacher dieses Schatzes*. In ihm hast du deine neue Identität empfangen. „In Christus" bist du in der Hand Gottes verborgen, der *Schatzkammer*, in der dein Herz für immer sicher ist. Was auch immer geschieht und was dir auch widerfährt: Niemand kann dich aus seiner Hand rauben, denn der Vater und der Sohn sind eins (Joh 10,28-30).

Dein ewiges Leben ist also doppelt gesichert: Du bist „in Christus" *und* in Gott geborgen. So wie Jesus in Gott ist, die zwei eins sind und nicht getrennt werden können, so bist du mit Jesus in Gott und kannst ihnen nicht mehr entrissen werden. „In Christus" bist du in Gottes Hand, und er hebt dich aus allen widrigen Umständen heraus.

WER DU „IN CHRISTUS" BIST,
IST DEIN KOSTBARSTER SCHATZ.
JESUS CHRISTUS IST DER BEWACHER DIESES SCHATZES.
IN IHM BIST DU IN DER HAND GOTTES VERBORGEN,
DER SCHATZKAMMER, IN DER DEIN HERZ
FÜR IMMER SICHER IST.

35 | IN CHRISTUS WIRST DU VON SELBST FRÜCHTE TRAGEN

„Ich bin der Weinstock, ihr seid die Reben.
Wer in mir bleibt und ich in ihm, der bringt viel Frucht;
denn ohne mich könnt ihr nichts tun."
Johannes 15,5 – LUT

Wenn du Jesus kennst und ihn als den wahren Weinstock liebst, bist du eine Rebe, die mit dem Weinstock verbunden ist. Jesus fordert dich auf, mit ihm verbunden zu bleiben. Denn du bist dazu bestimmt, viel Frucht zu tragen.

Jesus ist der Weinstock. Der Weinstock holt die notwendigen Nährstoffe aus dem Boden und gibt sie an die Reben weiter, damit sie wachsen und Frucht tragen. Fünfmal sagt Jesus zu seinen Jüngern, dass sie „in ihm" bleiben sollen. Denn die Reben haben kein Leben in sich und können aus sich selbst keine Frucht tragen.

Gott ist der Weinbauer. Er versorgt die Reben, die an dem Weinstock wachsen. Es gibt Reben, die Früchte tragen, und Reben, die keine Früchte tragen. Die Reben, die keine Früchte tragen, schneidet er ab. Sie werden verdorren. Die Reben, die Früchte tragen, beschneidet er, damit sie noch mehr Früchte tragen. Beschneiden bewirkt Wachstum und Blüte. Das kann schmerzen. Du hältst es nur aus, wenn du mit dem Weinstock, „in Christus", verbunden bleibst. Das Beschneiden ist notwendig. Wenn eine Rebe zu viele Blätter treibt, bekommen die hervorsprießenden Früchte zu wenig Sonnenlicht und können dadurch zu wenig Energie entwickeln, um schöne Früchte hervorzubringen.

Häufig versuchen wir, aus uns selbst Frucht zu tragen. Wir geben unser Bestes, um freundlich, liebevoll und sanftmütig zu sein. Aber die Frucht des Geistes ist nicht etwas, was du selbst hervorbringst oder veränderst. Wenn du „in Christus" und in seiner Unterweisung bleibst und in seinem Willen gehst, wirst du von selbst bleibende Frucht hervorbringen, womit Gott geehrt wird. Jesus sagt: *„Dadurch, dass ihr reiche Frucht tragt und euch als meine Jünger erweist, wird die Herrlichkeit meines Vaters offenbart"* (Joh 15,8 – NGÜ). Die Frucht des Geistes besteht aus *„Liebe, Freude, Friede, Langmut, Freundlichkeit, Güte, Treue, Sanftmut, Enthaltsamkeit"* (Gal 5,22b-23a). Bleib in ihm!

BESCHNEIDEN BEWIRKT WACHSTUM UND BLÜTE. DAS KANN SCHMERZEN. DU HÄLTST ES NUR AUS, WENN DU MIT DEM WEINSTOCK, „IN CHRISTUS", VERBUNDEN BLEIBST.

36 | IN CHRISTUS LEBST DU NICHT LÄNGER NUR FÜR DICH

~~~

„Niemand von uns lebt für sich selbst, und niemand stirbt
für sich selbst. Leben wir, dann leben wir für den Herrn,
und sterben wir, dann sterben wir für den Herrn.
Ganz gleich also, ob wir leben oder sterben:
Wir gehören dem Herrn."
Römer 14,7-8 – Hfa

~~~

Gläubige mit einem jüdischen oder heidnischen Hinter-
grund hatten in der ersten Christengemeinde verschiede-
ne Meinungen über das, was man essen oder nicht essen
durfte und ob man einen gewissen Tag achten musste oder
nicht. Das gab Spannungen. Paulus sagt, dass niemand das
Recht hat, den anderen über diese Dinge zu verurteilen.
Menschen, die gottesfürchtig leben, müssen sich einzig
und allein gegenüber Gott verantworten. Es ist vor allem
wichtig, beiderseitig Rücksicht aufeinander zu nehmen.
Jesus ist für die Juden und Nichtjuden gekommen. Er dach-
te nicht an seine eigenen Interessen. Paulus ruft uns auf,
uns einander gegenüber auch so zu verhalten. Du lebst
nicht länger für dich, du lebst jetzt für den anderen.

Du bist nicht *aus* dir selbst und du lebst nicht *für* dich
selbst. Das eine hat das andere zur Folge. Paulus sagt in

1. Korinther 6,20, dass du mit dem Blut des Herrn Jesus Christus teuer erkauft bist. Du gehörst nicht dir selbst, bist nicht aus dir selbst. Du bist jetzt das Eigentum Christi. In Gottes Augen bist du hierdurch unglaublich wertvoll.

Wenn du „in Christus" nicht länger dir selbst gehörst, lebst du auch nicht länger für deine eigenen Interessen, für dich selbst. Du lebst jetzt nur noch für den anderen und bist zudem für deine Mitmenschen offen. Für den anderen zu leben, ist nur möglich, wenn Liebe im Spiel ist. Darum sagt Paulus: *„Was wir auch tun, wir tun es aus der Liebe, die Christus uns geschenkt hat - sie lässt uns keine andere Wahl. Wir sind davon überzeugt: Weil einer für alle Menschen starb, sind sie alle gestorben ..., damit alle, die leben, nicht länger für sich selbst leben ..."* (2.Kor 5,14-15 – Hfa).

Johannes sagt: *„Wer sagt, dass er in ihm bleibe, ist schuldig, selbst auch so zu wandeln, wie er gewandelt ist"* (1.Jo 2,6). Wenn du dir bewusst bist, wer du „in Christus" bist, dann wirst du in Jesu Fußstapfen gehen und das Verlangen haben, ein Segen für deine Mitmenschen zu sein.

~

WENN DU DIR BEWUSST BIST, WER DU „IN CHRISTUS" BIST, DANN WIRST DU IN JESU FUSSSTAPFEN GEHEN UND DAS VERLANGEN HABEN, EIN SEGEN FÜR DEINE MITMENSCHEN ZU SEIN.

~

37 | IN CHRISTUS BIST DU DAZU GESCHAFFEN, GUTE WERKE ZU TUN

---

*„Denn wir sind sein Gebilde, in Christus Jesus
geschaffen zu guten Werken, die Gott
vorher bereitet hat, damit wir in ihnen wandeln sollen."*
Epheser 2,10

Schon lange, bevor du an Gott dachtest, warst du in seinen Gedanken. Schon vor deiner Empfängnis hatte Gott einen Plan mit deinem Leben. Du bist Gottes Schöpfung. „In Christus" bist du auserwählt und Gott bereitet dich vor, gute Werke zu tun, die er zuvor vorhergesehen hat. Aber wie kannst du Gottes Plan für dein Leben erkennen?

Das griechische Wort für *Werk* ist *poiema*. Das englische Wort *poem* (*Gedicht*) kommt daher. Du kannst also sagen, dass du Gottes Kreation bist, sein Liebesgedicht. Egal, unter welchen Umständen deine Empfängnis stattgefunden hat: Du bist ein Kind der Liebe. Du bist Gottes Liebling, weil er dich „in Christus" gewollt hat. In diesem Leben darfst du entdecken, was Gott in dich hineingelegt hat; was er, in seiner vollkommenen Liebe, in dein Herz geschrieben hat.

Jeder Mensch hat eine eigene spezifische Struktur seiner Gene, die DNA. In deiner DNA sind all deine persönlichen Merkmale und deine physische Zukunft gespeichert.

Wenn du eine leibliche DNA besitzt, liegt es auf der Hand, dass du auch eine geistliche DNA besitzt. Deine geistliche DNA besagt, wer du in deinem Inneren bist. Du kannst es also als „Gottes Liebesgedicht" bezeichnen, in dem du lesen kannst, wie er dich geschaffen hat: mit einem gewissen Temperament, besonderen Talenten und der nötigen Leidenschaft, die dir helfen, Gottes Plan für dein Leben zu entdecken.

In seinem Brief an Titus schreibt Paulus: *„Er hat sich für uns hingegeben, um uns von aller Schuld zu erlösen und sich ein reines Volk zu schaffen, das ihm als sein besonderes Eigentum gehört und voll Eifer danach strebt, das Gute zu tun"* (Tit 2,14 - EU). Gott hat dich „in Christus" gesegnet, damit du ein Segen bist. „In Christus" kannst du nicht länger gering über dich denken. Gott ruft dich, in dieser zerbrochenen Welt ein Botschafter seiner Liebe zu sein. Er braucht dich, um ein Segen zu sein. Willst du dich dafür entscheiden?

„IN CHRISTUS" KANNST DU NICHT LÄNGER GERING ÜBER DICH DENKEN.
GOTT RUFT DICH, IN DIESER ZERBROCHENEN WELT EIN BOTSCHAFTER SEINER LIEBE ZU SEIN.

---

38 | IN CHRISTUS WIRD GOTT DICH IN ALL DEINEN BEDÜRFNISSEN VERSORGEN

„... so wird derselbe Gott, der für mich sorgt,
auch euch durch Jesus Christus mit allem versorgen,
was ihr braucht – er, dem aller Reichtum
und alle Herrlichkeit gehören."
Philipper 4,19 – NGÜ

Als Christ geht es nicht darum, was du von Gott bekommst, sondern wer du „in Christus" bist. Doch hast du „in Christus" Anspruch auf die Erfüllung aller in der Bibel aufgeführten Verheißungen: *„Denn so viele Verheißungen Gottes es gibt, in ihm ist das Ja, deshalb auch durch ihn das Amen, Gott zur Ehre durch uns"* (2.Kor 1,20).

Gott ist kein Gott von Armut, sondern von Überfluss. Er verspricht, für dich zu sorgen *„nach seinem Reichtum in Herrlichkeit in Christus Jesus"* (Phil 4,19). „In Christus" will Gott dich an seinem Überfluss teilhaben lassen. Jesus hat selbst gesagt: *„Der Dieb kommt nur, um zu stehlen und zu schlachten und zu verderben. Ich bin gekommen, damit sie Leben haben und es in Überfluss haben"* (Joh 10,10).

Jesus ist das Lamm Gottes. Er hat deine Sünden und damit die Folgen der Sünde getragen, damit du „in Christus" Anteil am Segen Abrahams bekommst (Gal 3,13-14).

Dazu war das Opfer Jesu bestimmt: dass Gott dich segnen kann, um wie Abraham zum Segen zu sein. „In Christus" wird Gott dir geben, was du benötigst, um die Werke tun zu können, die er vorbereitet hat (Eph 2,10). Wer weiterhin gibt, was er aus Gottes Hand empfangen hat, wird entdecken, dass immer genug da sein wird, um weiterhin geben zu können!

„In Christus" hast du Zugang zur Gnade Gottes bekommen: seine unverdiente Gunst auf dein Leben. Dies ist das Gebet des Apostels Petrus auch für dich: *„Gnade* [Gottes Gunst] *und Friede* [vollkommenes Wohlergehen; alles notwendige Gute; geistlicher Reichtum; Befreiung von Ängsten, beunruhigenden Neigungen und moralischen Konflikten] *werde euch immer reichlicher zuteil in der* [völligen, persönlichen, genauen und korrekten] *Erkenntnis Gottes und Jesu, unseres Herrn!"* (2.Petr 1,2).

„IN CHRISTUS" WIRD GOTT DIR GEBEN,
WAS DU BENÖTIGST,
UM DIE WERKE TUN ZU KÖNNEN,
DIE ER VORBEREITET HAT.

39 IN CHRISTUS IST GOTTES FRIEDE IMMER MIT DIR

───※───

„Friede sei mit euch allen,
die ihr in (der Gemeinschaft mit) Christus seid."
1. Petrus 5,14b - EU

───※───

Bevor Jesus in den Himmel fuhr, versprach er seinen Jüngern: *„Was ich euch zurücklasse, ist Frieden: Ich gebe euch meinen Frieden - einen Frieden, wie ihn die Welt nicht geben kann. Lasst euch durch nichts in eurem Glauben erschüttern, und lasst euch nicht entmutigen!"* (Joh 14,27 - NGÜ). Diese Worte werden die Jünger sehr überrascht haben. In ihren Augen war es ein unglaubliches Versprechen: Der Friede Christi sollte ihr Friede werden!

Die Jünger hatten sich über den Frieden, den sie bei Jesus in den vergangenen Jahren gesehen hatten, sehr gewundert. Ihrem Meister war nie bange. Er war immer ruhig und nie panisch. Kein Mensch, kein religiöses System, kein Teufel konnte ihm seinen Frieden rauben. Dieser Friede, der echte Friede von Christus selbst, sollte ihnen zuteil werden. Sie konnten es einfach nicht glauben.

Wenn du den Frieden Christi empfangen möchtest, musst du wissen, wer du „in Christus" bist. Wenn du „in Christus" bist, bildest du eine unzertrennliche Einheit mit Jesus und erhältst Anteil an seinem übernatürlichen Frieden. Dieser immer anwesende Frieden wird dein Herz und deine Gedanken *„in Christus Jesus"* bewahren (Phil 4,7).

Wenn du wichtige Entscheidungen treffen musst, wird dieser Friede dich leiten. In Kolosser 3,15 steht: *„Und der Friede des Christus regiere in euren Herzen ..."*. Das griechische Wort für *regieren* bedeutet wörtlich *als Schiedsrichter auftreten*. Was tut ein Schiedsrichter? – Er bewahrt den Frieden. Er sorgt dafür, dass das Spiel in geordneten Bahnen verläuft. Gott will dir einen innerlichen Schiedsrichter geben, der dir Frieden gibt, selbst wenn alles chaotisch erscheint.

Deine wahre Identität – Frieden mit dir selbst – kannst du allein „in Christus" finden. Du musst deine Identität (Image) nicht mehr selbst erschaffen, du musst dich nicht mehr länger selbst beweisen (Ruf), du musst es nicht länger selbst tun. Du darfst in dem ruhen, was Jesus für dich getan hat!

---

*WENN DU „IN CHRISTUS" BIST,
BILDEST DU EINE UNZERTRENNLICHE EINHEIT
MIT JESUS UND ERHÄLTST ANTEIL
AN SEINEM ÜBERNATÜRLICHEN FRIEDEN.*

---

40 IN CHRISTUS BIST DU GANZ UND GAR VOLLSTÄNDIG

———

„Denn das Leben ist für mich Christus ..."
Philipper 1,21a

———

„In Christus" bist du zu einer absolut neuen Schöpfung geworden. Es gibt zwei griechische Wörter, die in der Bibel mit *neu* übersetzt werden. Das erste (*neos*) verweist auf etwas, das gerade fertiggestellt wurde, von dem es jedoch schon viele gibt. Das andere (*kainos*) wird in der Bezeichnung *neue Schöpfung* gebraucht. Dies deutet auf etwas hin, das gerade erschaffen wurde und als solches noch nicht eher bestand.

Gott reinigte nicht nur dein „altes Ich", er erschuf ein ganz „neues Ich". Er tauschte dein altes Menschsein gegen deine neue Schöpfung „in Christus" ein. In ihm bist du vollendet. Du kannst nichts davon entfernen und nichts hinzufügen. Christus ist alles und in ihm hast du alles. Denn dein Leben ist Christus selbst.

Dein neuer Mensch wächst nicht, indem er gegen den alten kämpft. Dein neuer Mensch wird stärker, indem er hört und glaubt, was Gott dir sagt, und dich mit seiner übernatürlichen Vaterliebe sättigt. Gott bietet dir eine unverwüstliche Identität an, von der niemand etwas entfernen und niemand etwas hinzufügen kann. Es ist deine fun-kelnagelneue Identität in Christus.

[1]Der alte Mensch	Der neue Mensch
Kind Adams	Kind Gottes
Sklave der Sünde	Herrscher über die Sünde
verurteilt	freigesprochen
unter dem Gesetz	im Heiligen Geist
muss es sich verdienen	darf alles empfangen
muss dafür arbeiten	darf glauben
lebt in Angst	lebt in der Liebe
ist tot	wurde wieder lebendig
lebt in Dunkelheit	lebt im Licht
unter dem Fluch	unter dem Segen
sündig	für heilig und rein erklärt
verloren	gefunden und behütet
ist für ewig tot	hat ewiges Leben

―――~~~―――

„IN CHRISTUS" BIST DU VOLLENDET.
DU KANNST NICHTS DAVON ENTFERNEN
UND NICHTS HINZUFÜGEN.

―――~~~―――

---

[1]   Aufstellung aus „Goede genade!", Willem de Vink, Verlag Barnabas 2007 NL

Wilkin van de Kamp

DIE SIEBEN WUNDER DES KREUZES

Nie zuvor wurde ein Buch verfasst, in dem die letzten achtzehn Stunden vor Jesu Tod so intensiv beschrieben wurden. Sie werden auf eine eindrückliche Reise zu den sieben Ereignissen mitgenommen, in denen das Blut Jesu floss, wodurch die sieben Wunder des Kreuzes auch in Ihrem Leben wirksam werden können.

Die sieben Ereignisse, bei denen Jesus blutete, sind nicht zufällig geschehen. Jedes Ereignis war für sich eine prophetische Handlung, die Jahrhunderte zuvor vorhergesagt wurde. Wenn wir daran glauben, dass Jesus sein Blut für uns auf vollkommene Art und Weise vergoss, dann wird das Blut des Sohnes Gottes unser Leben beeinflussen und Wunder über Wunder hervorbringen.

Paperback, 318 Seiten
Best.-Nr.: 111 027 00, 13,95 €

BESTELLUNGEN:

Glaubenszentrum e. V. – Mediendienst
Dr.-Heinrich-Jasper-Str. 20
37581 Bad Gandersheim
Tel.: (0 53 82) 9 30-2 22
Fax: (0 53 82) 9 30-1 00
E-Mail: mediendienst@glaubenszentrum.de
www.glaubenszentrum.de

ÜBER DEN AUTOR

Wilkin van de Kamp (*1961) ist mit Aukje verheiratet. Nachdem er sechzehn Jahre im Bildungswesen gearbeitet hat, war Wilkin von 2000 bis 2010 Pastor der deutsch-niederländischen Euregio Christengemeinde, die sich über die eigenen Kirchengrenzen hinaus für Einheit und Versöhnung einsetzt. Seit 2010 ist er im vollzeitlichen Dienst bei *Vrij Zijn* (*Frei sein*) und trägt auch die Hauptverantwortung für diesen Dienst.

Wilkin weiß sich dazu berufen, Menschen zu helfen, ihre Identität und Freiheit in Christus zu empfangen und zu stärken, und mit anderen Christen aus allen Kirchen unsere Einheit in Christus zu feiern. Zur Unterstützung von Wilkins Dienst wurde die niederländische Stiftung *stichting Vrij Zijn* gegründet. In den Niederlanden ist *Vrij zijn* mittlerweile zu einer Bewegung gewachsen, an der sich Christen aus einer Vielzahl von Kirchen beteiligen, die ihre Identität, Freiheit und Einheit in Christus gefunden haben und diese Lehre weiter ausbreiten. In den vergangenen Jahren hat *Vrij Zijn* einen eigenen Verlag, eine Bibelschule und eine Trainingsschule aufgebaut und Magazine und TV-Produktionen veröffentlicht. Mit diesen Hilfsmitteln möchte das Werk die befreiende Botschaft der Liebe Gottes verkündigen.

Wilkin ist ein echter Brückenbauer und übernahm als einer der Hauptinitiatoren den Vorsitz der nationalen interkonfessionellen Bewegung *Wij kiezen voor eenheid* (*Wir entscheiden uns für Einheit*) in den Niederlanden. Am 6. Oktober 2012 leitete er den *Nationale onmoetingsdag van verootmoediging en verzoening* (*Nationaler Begegnungstag der Demütigung und Versöhnung*) in Den Haag. Nationale Kirchenleiter und ca. 3.000 Christen aus unterschiedlichen Kirchen bekannten vor Gott und voreinander ihre Schuld, die sie in der Vergangenheit durch das negative Sprechen übereinander und durch die Art und Weise, wie sie miteinander umgegangen sind, auf sich geladen haben. Dieser Tag wird als ein Durchbruch in der Ökumene der Kirchen in den Niederlanden gesehen. 2013 wurde aus *Wij kiezen voor eenheid* das *Nederlands Christelijk Forum* (*Niederländisches christliches Forum*). Wilkin ist Teil des Lenkungsausschusses, der einen offenen Raum für nationale Kirchenleiter kreieren möchte, in dem sie ihren Glauben teilen, Freundschaften miteinander eingehen und sich mit gemeinsamen Herausforderungen auseinandersetzen können.

Wilkin und seine Frau Aukje sind Botschafter der christlichen Wohltätigkeitsstiftung *Pan de Vida* (*Brot des Lebens*), die mittlerweile 37 Suppenküchen in verschiedenen Armenvierteln in Peru betreiben, in denen Kinder jeden Tag gratis eine gesunde Mahlzeit bekommen. Darüber hinaus wurden zwei Kindertageseinrichtungen und ein Kinderheim errichtet. Zusammen mit seiner Frau leitet Carlos, der Sohn von Aukje und Wilkin, die verschiedenen Projekte von *Pan de Vida* von Arequipa aus.

Twitter: @wilkinvandekamp
Facebook: www.facebook/wilkinvandekamp
www.vrijzijn.nl